칸트의 순수이성비판

EBS 오늘 읽는 클래식

칸트의 순수이성비판

내가 진짜 아는 것은 무엇인가

한국철학사상연구회 기획 | 강지은 지음

서문

서양철학의 시조를 흔히 탈레스(Thales, 기원전 625~545)라고 한다. 탈레스가 대단히 유명한 이야기를 남긴 것도 아닌데 그를 서양철학의 시조라고 하는 이유는 단 하나, 물이 만물의 근원 물질이라고 했다는 것이다. 그 이후로 만물의 근원을 불이라고도 하고, 공기라고도 하고, 흙이라고도 하는 철학자들이 나왔다. 그다음에는 이 모두를 합친 4원소가 만물의 근원이라고한 철학자도 있었다.

대학 1학년 때 〈서양고대철학사〉를 수강하며 듣는 고대 철학 이야기는 신화와 다를 바 없는 내용이었다. 그러나 그것은 나의 착각이었고, 수업에 집중하지 못하고 동아리 방을 기웃거리며 나의 대학 생활 4년을 어느 동아리에 의탁할 것인가에만 관심이 있던 무지한 철학과 1학년생의 생각일 뿐이었다. 탈레스는 서양 사상 최초로 자연세계의 근원을 '추상적 사고'로 밝혀내고자 한 철학자였다. 철학은 개별자들을 하나하나 연구해서는 이룰 수 없는 학문이다. 개별자를 분류하고 공통점을 뽑아내고 추상하면서 최고의 원리를 알아내려고 노력하는 것이 철학이다. 탈레스는 세계 최초로 자연세계 전체의 근본 원리를 밝힘으로써 세계에 관한 체계적인 사색을 시작했다. 철학이란 그렇게 탄생했다. 먹고사는 데 필요한 셈법, 식량 목록 기록, 범죄자 처벌 등은 이미 기원전 1750년 전 함무라비 법전에도 등장하지만 철학은 기원전 7세기 탈레스에서 비로소 등장했다.

생각해보면 철학이란 없어도 그만인 학문이다. 만물의 근원이 물인들, 흙인들, 공기인들 먹고사는 데는 지장이 없다. 그러나 인간은 언제나 고차원적인 질문을 하며 살아간다. 그것도 아이 때부터. 아이들은 쉼 없이 질문한다. '왜 그런데?' 하며 하루에도 수십 번 엄마에게 물어댄다. '해는 왜 뜨는데?'부터 시작해서 '유치원엔 왜 가야 하는데?'까지. 아이들이 질문을 하지 않기 시작하면 세상이 이미 재미없어졌다는 이야기다.

소크라테스 이전 철학자들은 세계의 원질에 대해 물으면서 추상적인 사고를 하기 시작했다. 이후 아낙시만드로스는 원질을 '무한정자'라고 하면서 원질에 대한 새로운 개념을 내세운다. 무엇이라고 한정할 수 없는 어떤 것이라는 것이다. 이는 곧 감각적 인식을 넘어서 순수하게 이성적, 합리적으로 사고하기 시작했다는 이야기다. '무한정자'라는 개념은 이후 철학자에게 지속적으로 영향을 미친다. 피타고라스는 '수'를 만물의 근원으로 보면서 만물이 수적인 질서와 법칙에 따라 움직인다고 믿었다. 고대 그리스 철학이 아니었던들 이후 서양철학이 가능이나 했을까 싶다. 근대 철학자들은 학문으로서의 철학을 확고히 하기 위해서 수학을 모범적인 학문으로 삼았다.

철학의 역사는 형이상학의 역사이다. 철학자들은 세계의 궁극적 근거를 끊임없이 찾아왔다. 플라톤이 전하는 소크라테스 그리고 플라톤은 진리를 추구하면서 보편적인 것, 불변하는 이데아를 추구했다. 이러한 철학의 역사는 신이 세상의 중심에 섰던 서양의 중세를 거치면서도 학문의 궁극적 근거가 되었다. 중세를 벗어나는 데에는 과학기술의 발달이 결정적이었다. 경험론은 과학기술을 신뢰하여 경험 속에서 세계의 궁극적 근거를 찾았다. 이에 반해 합리론은 인간 이성에 대한 확고한 믿음 아래 생득적인 인간의 본유관념에서 세계의 궁극적 근거를 찾았다.

이제 와 생각해보니 세상은 헤겔이 생각하는 절대정신의

전개 과정인가 싶기도 하다. 칸트는 경험론과 합리론의 혼란 속에서 적절하게 등장했고 이들을 정리했다. 형이상학 역시 칸트 이전과 이후로 나눌 만큼 확실히 이전과는 명백하게 다른 철학적 구조를 보여준다. 칸트 이전의 철학은 세상의 근원 물질이 무엇인지가 주제였고, 세상을 알게 해주는 근원적인 외부의 조건이 문제였다. 그러나 칸트는 이런 논쟁을 뒤집어서(코페르니쿠스적 전환) 세상을 똑바로 알려면 '나'를 중심으로 바라보라고 가르쳤다. 어차피 신이 아닌 이상 세상 그 자체는 정확히 알 수 없다는 것이다. 우리는 세상이 우리에게 드러나는 현상만 알 뿐이다. 그러나 우리가 세상을 가장 그럴듯하게 알 수 있는 방법은 내가 인간으로서 선천적으로 가지고 있는 감각을 통해 받아들인 재료를 이성 능력으로 추상해서 개념화하면 된다는 것이다. 그렇게 세상을 꼼꼼히 연구하다 보면 언젠가는 세상의 비밀이 다 밝혀질 것이다. 그런데 세상은 자연세계만 존재하는 것이 아니라 도덕 세계도 있는 법이어서, 거기에 대해서 칸트는 인간에게 있는 자유의 영역에서 해결해야 할 문제라고 했다.

『순수이성비판』은 칸트의 형이상학이다. 그런데 무척 어려운 책이어서 독일 사람들도 쉽게 읽을 수 있는 책이 아니라는 이야기를 들었다. 이 책을 독일 사람들은 참 재미있게 읽는다

더라는 소리를 풍문으로라도 들었다면 나는 진작 철학하기를 포기했을지도 모르겠다. 사실 『순수이성비판』은 번역본이라도 원전만큼 접하기가 너무 어렵다. 칸트의 문체 자체가 너무 만연체이다 보니 문장이 길다. 물론 번역하시는 선생님들께서 적절히 끊어주셔서 좀 낫긴 하지만 문장 하나를 이해하기가 쉽지 않다. 그리고 앞서 간단히 말한 것처럼 근대 철학에 대한 이해를 하고 있으면 그나마 읽기가 수월할 텐데 그렇지 않은 사람들이라면 더욱 이해가 어렵다. 칸트 스스로 일반인을 상대로 쓴 책은 아니라고 했으니 말해 무엇하랴. 1부는 칸트 철학을 필자가 보는 시각에서 누구나 궁금할 것 같은 내용을 뽑아 이야기처럼 구성했다. 2부는 『순수이성비판』 본문을 따라 읽으면서 꼭 알아두면 좋을 부분을 선정해서 최대한 쉽게 풀이했다.

『순수이성비판』은 '원래 어려우니까'라는 핑계로 여기까지밖에 정리 못한 마음이 무겁다. 그러나 나 역시 공부하는 사람으로서 내가 궁금했던 부분 위주로 정리했으니 공감하시는 분들이 많지 않을까 살짝 기대도 해본다. 하지만 더 흥미 있게 글을 이끌어가지 못한 부분은 더 이상의 변명이 있을 수 없을 것이다.

2023년 4월
강지은

차례

3장 철학의 이정표

일러두기

· 칸트 원전은 바이셰델(Weischedel)판을 기본으로 인용했다. 면수는 편의상 많은 사람들이 사용하는 베를린 학술원에서 편집한 전집 면수이다. 본문 페이지 표시에서 대문자 A, B는 각각 『순수이성비판』의 초판(A), 재판(B)을 뜻한다. 『순수이성비판』은 따로 책 표시를 하지 않는다.

· 페이지 숫자 대신 나오는 로마 숫자는 책의 머리말 페이지를 가리킨다. 서론부터 아라비아 숫자 페이지로 시작한다.

1장

천체와 물리를 알았던 철학자, 칸트

코페르니쿠스 혁명, 세상을 뒤집어 보기

지동설은 인류사에서 큰 이슈 중 하나다. 하지만 사람들에게 지동설에 관한 드라마틱한 이야깃거리를 제공한 역사적 인물은 코페르니쿠스(Nicolaus Copernicus, 1473~1543)라기보다는 갈릴레오 갈릴레이(Galileo Galilei, 1564~1642)가 아닌가 싶다.

"그래도 지구는 돈다."

갈릴레이는 1616년 2월 26일 지동설 주장하기를 포기하는 서약을 한다. 그러나 1623년 갈릴레이와 친분이 있던 바르베리니 추기경이 교황 우르바노 8세(Pope Urban VIII, 1568~1644)로

즉위하면서 갈릴레이의 학문의 길에 서광이 약간 비쳤다. 지나치게 지동설을 옹호하지 않는다면 연구한 내용을 출판해도 좋다는 것이다. 그러나 교황이 코페르니쿠스와 아리스토텔레스 체계를 균형 있게 비교하는 책을 쓰도록 배려했음에도 불구하고 「프톨레마이오스-코페르니쿠스 두 개의 주요 우주 체계에 대한 대화」에서 지구의 공전과 자전운동을 통해 밀물과 썰물을 쓴 부분을 너무나 자세히 설명한 것이 화근이었다. 갈릴레이는 지동설을 옹호하는 글을 썼다는 이유로 종교재판을 받을 수밖에 없었다. 전해지는 불명확한 여러 이야기에 의하면 갈릴레이가 자신의 지동설이 잘못되었다고 추기경 앞에 무릎을 꿇고 맹세한 후 다리를 들면서 '그래도 지구는 돈다(Eppur si muove)'고 중얼거렸다는 것이다.

그러나 여러 달에 걸친 교황청의 소환에 지친 칠순 노인이 과연 가볍게 중얼거리는 말이라도 좋은 꼴을 볼 리가 없는 그런 말을 했을까? 많은 전문가들은 다만 갈릴레이가 교황청에서 신중하게 자신의 견해를 철회했다는 언급만 있을 뿐 어떤 기록에도 '그래도 지구는 돈다'는 말은 나오지 않는다고 전한다.

인간은 이성적 존재이다. 지적 존재인 인간은 태초에 세계에 대한 앎을 갈구했을 것이고, 그 첫 대상은 하늘이 아니었을까. 인간에게 하늘은 종교적 대상이면서 지적 대상이었다. 하

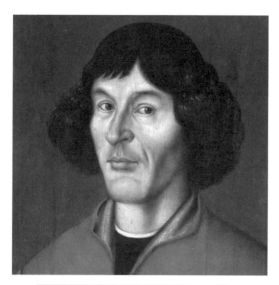

천동설을 뒤집는 지동설을 주장했던 코페르니쿠스의 초상.

늘은 신이 사는 곳이면서 별들이 있는 곳이다. 별들은 주기적
인 운동을 한다. 고대인들은 별들을 관찰하여 천문학을 만들었
다. 2세기 프톨레마이오스의 『알마게스트(*Almagest*)』는 아리스토
텔레스의 천문학을 기반으로 하여 고대의 천문학을 완성한 책
이다.

　사실 천동설은 생각만큼 매끄럽게 설명되는 천문학적 체
계가 아니었다. 밤하늘의 수많은 별들은 북극성을 중심으로 일

정한 위치를 상대적으로 유지하며 동심원을 그리면서 함께 돌아간다. 그러나 수성, 금성, 화성, 목성, 토성 이 다섯 개의 별은 하늘에서 이리저리 위치를 바꾼다. 귀신이 곡할 노릇이었던 것이다. 그래서 고대인들은 이 별들을 떠돌이별이란 의미의 '행성(planet)'이라 이름 붙였다. 행성들은 앞으로 가는 순행운동과 잠깐 뒤로 물러서는 역행운동을 반복하면서 움직인다. 법칙이란 예외가 없어야 한다. 하늘에서 눈에 띄는 별들이 이렇게 법칙 없는 운동을 한다는 건 고대인들에게 불편한 사실이었다. 아리스토텔레스(Aristotle, 기원전 384~372)는 천동설을 주장했지만 행성들의 운동이 법칙에서 벗어난다는 것 역시 잘 알고 있었다. 그러나 천동설을 버리기에는 다른 대안이 없었기에 후세의 학자들이 문제를 해결하리라 믿었다.

프톨레마이오스(Claudius Ptolemy, 83~168)는 당시의 이론적 기반을 모두 종합하여 천동설을 완성했다. 이후 중세 300년 동안은 의문의 여지 없이 천동설 이외의 천문학을 주장하는 자들을 이단으로 처형했다. 코페르니쿠스가 『천체의 회전에 관하여(De revolutionibus orbium coelestium)』(1543)를 출간하기까지 긴 시간 동안 사람들은 천동설을 믿었다. 지구를 중심으로 하는 우주론, 즉 천동설의 가장 큰 문제점은 그것을 기초로 확립한 율리우스력이 맞지 않는다는 사실이었다. 빈번한 항해 활동에

지구가 우주의 중심이라는 프톨레마이오스의 우주관을 보여주는 그림.

는 정확한 달력이 필요했고 이는 천문 관측과 천문학적 계산에 많은 노력을 기울이게 했다.

코페르니쿠스는 왜 행성이 천체상을 역행하는가, 왜 수성과 금성(내행성) 그리고 화성과 목성, 토성(외행성)이 다른 움직임을 보이는가 하는 물음에서 출발하여 지구의 자전과 공전이라는 지동설에 도달하게 되었다. 코페르니쿠스는 이전까지 지구를 중심에 놓고 그 주위를 별들이 돈다고 생각했던 사람들의 생각에서 벗어나, 태양을 중심에 놓고 그 주위에 지구를 비롯한 행성들을 배열했다. 안쪽으로부터 차례로 수성, 금성, 지구, 화성, 목성, 토성을 놓고 그 이외의 항성을 가장 바깥쪽 천체로 하는 균형 잡힌 우주 체계를 만들었다.

세상의 중심이 지구에서 태양으로 바뀌었다. 사람들은 그것을 코페르니쿠스 혁명(Copernicus revolution)이라고 불렀다. 칸트는 자신의 철학적 발상을 이에 빗대 코페르니쿠스적 전환(Kopernikanische Wendung)이라 불렀다. 칸트는 자신의 인식론이 종래의 인식론적 근거를 객관이 아닌 주관으로 바꾸었다는 점에서 이 위대한 천문학적 발상을 끌어들였다.

어두운 밤하늘의 별들은 한쪽 방향으로 일정하게 움직인다. 상식적으로 보면, 나와 땅은 움직이지 않고 하늘이 움직인다. 땅에 발을 붙이고 선 인간은 수천 년 동안 그 하늘을 설명해왔다. 그런데 그 질서를 반대로 설명하는 건 혁명에 가까운 일이다. 내가 발붙인 땅이 움직이고 매일 뜨고 지는 태양을 고정시킨 우주론은 사고의 혁명이다. 칸트 역시 철학적 인식론의 영역에서 자신의 방법을 사고의 혁명이라고 생각했다.

인식론은 쉽게 말해서 '무엇을 어떻게 알 수 있는가'에 대한 철학의 분과이다. 지적 호기심을 가진 인간이 설명하고자 하는 세계는 정말 무궁무진하다. 이 상황을 단순하게 말하면

대륙의 합리론

'나는 생각한다, 그러므로 존재한다.' 근대 합리론의 아버지 데카르트(Rene Descartes, 1596~1650)의 유명한 말이다. 합리론도 경험론과 마찬가지로 근대 자연 과학의 산물이다. 왜냐하면 중세를 거치면서 학문의 근거를 기독교의 신에게서 찾지 않고 인간의 논리적 이성에서 찾았기 때문이다. 합리론은 이성적·논리적 추리를 사용해서 보편 전제로부터 개별 사물에 대한 앎을 이끌어 내는 연역법을 사용한다. 여기에 적합한 학문은 수학이다. 합리론은 감각 지각이 불확실하고 오류를 초래한다고 보기 때문에 경험적 지식을 신뢰하지 않는다. 오직 진리를 가져다줄 수 있는 근거는 이성 능력이다. 대륙의 합리론은 스피노자, 라이프니츠의 계보를 잇는다.

인간 주관이 객관 세계인 대상을 설명하는 것이다. 그런데 이 대상 세계를 바라보는 시각이 너무나 다양해서 저마다 다양한 설명을 내놓을 수밖에 없다. 그나마 철학이 고도화되면서 인간 경험을 중심으로 대상을 설명하는 경험론, 인간의 이성을 중심으로 대상을 설명하는 합리론으로 나누어졌다. 그러나 칸트가 생각하기에 "내용 없는 사상들은 공허하고, 개념 없는 직관들은 맹목적이다."(B75)

경험을 인식의 근거로 삼으면 그 대상을 개념적으로 사고하는 것이 아니기 때문에 '개념 없는 직관들은 맹목적'일 것이고, 현실 속에 생생하게 존재하는 대상을 단지 사유를 근거로 설명하려고 하면 '내용 없는 사상'이므로 공허할 것이다. 칸

영국의 경험론

'아는 것이 힘이다.' 영국 경험론을 창시한 프랜시스 베이컨(Francis Bacon, 1561~1626)의 유명한 말이다. 근대는 자연과학의 발달과 그것을 아는 것으로 시작한다. 누가 얼마나 자세히 많이 아느냐가 성공의 길을 보장해주었다. 경험적 지식은 근대 과학을 발전시켰고 철학 역시 마찬가지로 이에 발맞추어 나아갔다. 경험적 지식에 근거를 둔 경험론이 영국에서 발달한 이유는 유럽보다 산업과 과학이 먼저 발달했기 때문이다. 베이컨은 전통적인 편견에서 벗어나 사물들 자체를 탐구해야 한다고 강조한다. 이러한 학문적 전통은 이후 홉스, 로크, 버클리, 흄으로 이어지며 영국 경험론의 계보를 잇는다. 전제하고 있는 정해진 지식이 없다보니 경험론은 지식 탐구의 방법으로 귀납법을 선택한다. 우리는 까마귀의 색이 까맣다는 선입견을 가지고 있지만 엄밀하게 말하면 경험적으로 까만 까마귀를 보아왔기 때문에 결론적으로 까마귀가 까맣다고 결론을 내린 것이다. 지식은 관찰과 실험을 통한 결과로서만이 의미가 있다.

트는 경험론도 합리론도 앎에 대한 학문을 완성해주는 데에는 근거가 부족한 방법들이라 보았다.

칸트는 인식의 근거를 객관 대상에 두고 경험적으로 설명할 것인가, 이성에 의해 합리적으로 설명할 것인가의 문제에서 완전히 벗어났다. 인식의 근거를 경험에만 두지도 않고 이성에 의한 합리적 설명에만 두지도 않았다. 남들이 경험이냐 이성이냐의 시시비비를 가릴 때 제3의 길을 잡았다. 세상의 중심을 주관에 두고 경험과 이성을 종합해보겠다는 것이다. 아니 대상이 무엇인지 알고 싶은데 근거를 '나'에 두겠다? 이건 혁명이

칸트의 초상과 『순수이성비판』의 표지(1781).

아닌가! 그래서 칸트 스스로 자신의 이론적 작업을 '코페르니쿠스적 전환'이라 명명했고, 또 그럴 만했다.

　코페르니쿠스가 세상을 뒤집어서 보니 행성의 불규칙한 운동과 밀물과 썰물의 운동이 설명되었던 것처럼, 인식의 근거를 대상에 두지 않고 주관에 두니 학문적으로 불명확하던 형이상학이 엄밀한 학문으로 제자리를 찾아갔다.

합리론과 경험론을 관념론의 거대한 바다로 종합하다

　도대체 칸트는 왜 대상이 무엇인지 알고자 하는 인식론의 근거를 대상에 두거나 합리적 이성에만 두지 않고 주관에 두는 코페르니쿠스적 전환을 해야만 했을까? 또 그러한 전환을 통해 어떻게 인식론을 엄밀한 학문으로 자리매김 함으로써 형이상학이 누렸던 권위를 회복하려 했을까?

　흔히 칸트 철학을 영국의 경험론과 대륙의 합리론을 결합한 관념론이라고 말한다. 천재란 이런 사람을 두고 하는 말인가 보다. 물론 천재의 기준을 어디에 두느냐에 따라 그 능력의 한계치는 각각 다르게 정의되겠지만 칸트는 천재가 되기에는 태어날 때부터 여건이 좋은 사람은 아니었다. 좋은 환경에서 현명한 부모를 만나 부유하게 자라고 세계를 여행하며 많은 경험을 하면서 많은 독서를 하면 인간의 능력치는 최대로 개발될 것이다. 물론 개천에서 용이 나듯 불우한 여건에서 순전히 개인의 능력만으로 천재가 된 경우도 있기는 하지만 말이다. 현대 사회에서 사람들은 개천에서 용이 나지 않는다는 데에 손을 든다. 구구절절한 설명은 이미 필요없지 않은가. 그런데 칸트는 정말 뭐 하나 누릴 수 있는 것 없이 태어나고 살아갔던 사람이다. 칸트 자신의 노력이 아니었던들 그는 아버지의 뒤를 이어 말이 착용하는 마구(馬具) 상인으로 한평생 평범한 삶을 살았을 것이다. 모두 그렇게 살아가니 이상할 것이 없었다. 게다가 칸트는 체구조차 게르만족의 혈통을 이어받지 못했는지 성인이 되어서도 160센티미터가 겨우 될까 말까 할 정도의 키에 약간 구부정하고 기형적인 가슴을 가진 인물이었다.

칸트는 독실한 경건주의 신자였던 부모의 영향으로 경건주의 교회가 운영하는 학교에 입학했다. 평생을 규칙적으로 살았던 칸트도 10대엔 평범한 아이들처럼 반항기 가득한 아이였던 것일까? 칸트는 학교의 규칙적인 예배와 수업에 싫증을 느꼈고 학교 일과를 소년 노예 제도라고 비난하기까지 했다니 누구나 십대의 반항기는 어쩔 수가 없나 보다.

칸트는 쾨니히스베르크대학에 만 16세가 되는 해 입학했다. 그러나 22세, 공부를 다 마치지 못한 칸트는 아버지가 돌아가시자 생활비를 벌기 위해 귀족 집안의 가정교사로 일하기 시작했다. 가정교사는 으레 학생과 여행도 다니는 법이어서 귀족 집안을 따라 쾨니히스베르크 도심에서 30마일 떨어진 별장으로 휴가를 간 적이 있다. 칸트가 생애 가장 멀리 간 여행이었다. 이후 그는 자기가 사는 집 주변에서 크게 벗어난 적이 없었다.

이렇게 여행조차 다니지 않은 칸트의 강의 중에 제일 인기가 많았던 강의는 아이러니하게도 지리학 강의였다. 그 당시의 지리학은 그야말로 지역에 대한 소개와 관련된 것이었는데, 칸트는 방대한 독서 덕분에 누구보다 지리에 대한 식견이 높았고, 그걸 재치있게 설명해내는 능력이 출중했다. 철학 강사로서 칸트는 원칙이 있었다. 천재같이 똑똑한 학생들이나 바보같이 멍청한 학생들보다는 중간 수준의 학생들에게 관심을 주는 것이다. 칸트에 의하면 '바보는 도와줄 길이 없고 천재는 자기 힘으로 해나간다'는 것이다.

건강한 체질이 되지 못한 칸트는 늘 규칙적인 생활로 건강 관리를 할 수밖에 없었다. 교수가 된 이후 칸트의 일과는 매일 같았다고 한다. 새벽 4시 55분, 하인 람페가 '일어나실 시간입

코니히스베르크대학의 옛 건물.

니다'라는 말로 칸트를 깨운다. 칸트는 자신이 어떤 말을 하더라도 들어주지 말라고 람페에게 명령했기 때문에, 람페는 그가 일어나기 전까지 절대 자리를 뜨지 못한다. 5시에 기상을 하고, 차를 두 잔 마시고 담배를 피운다. 칸트는 잠옷을 입은 채 강의 준비를 했다고 한다. 7시에서 9시까지 정장을 입고 학교에 가서 오전 강의를 했다. 이후 집으로 돌아와 잠옷으로 다시 갈아입고 하던 연구를 이어갔다. 그는 오후 1시까지 연구한 후에 하루에 한 끼만 하는 식사를 했으며, 이 자리에는 매일 선택적으로 네댓 명이 초대되었다. 초청된 사람들은 학자나 제자뿐 아니라 목사, 의사, 은행가, 상인 등 직업이 다양했다. 칸트는 철학에서 과학, 시사, 가정 문제에 이르기까지 주제를 불문하고 대화를 즐겼다.

이후 시간은 산책이다. 오후 3시 30분경. 날씨에 상관없이 산책을 했다. 그는 야외에서 대화를 나누면 입으로 숨을 쉬게 되어 건강에 좋지 않으리라는 별난 생각 때문에, 산책도 늘 혼자 했다. 워낙 병약한 체질인 칸트는 규칙적인 산책으로 건강을 관리할 수밖에 없었고 그래서 그 유명한 칸트의 산책 이야기가 사람들 입에 아직까지 오르내리는 것이다. 철든 이후 죽을 때까지 거의 같은 시간에 같은 길을 걸었다. 마을 사람들이 칸트의 산책을 보고 시계를 맞추었으니 말해 뭐 하겠는가.

이렇게 자그마한 체구에 병약한 칸트였지만 방대한 독서와 지적 호기심 덕분에 그의 사상은 인간 지성의 광활한 바다를 이룰 수 있었다. 칸트의 사상적 영역이 얼마나 광대한지 강의 영역만 보아도 알 수 있다. 그는 논리학과 형이상학만 강의한 것이 아니라 물리학적 지리학에 대해 강의했으며, 인간학(1772~1773년 겨울학기부터)과 교육학, 철학적 종교론(자연신학), 도덕, 자연법(1766~1767년 겨울학기부터), 철학적 백과(1767~1768년부터)에 대해 강의했을 뿐만 아니라 요새 구축과 불꽃 제조술에 대한 강의도 했다.

　특히 지리학에 대한 칸트의 관심은 주목할 만하다. 칸트는 태어나서 죽을 때까지 자신이 태어난 도시 쾨니히스베르크를 떠난 적이 없다. 그러나 엄청난 독서로 세계 지리나 문화에 대해 해박했다. 웨스트민스트 다리를 매우 정밀하게 묘사해서 영국인들을 놀라게 하기도 했으며 『판단력비판』에서 숭고미를 설명하기 위해 알프스산과 피라미드를 소개하는 부분은 도저히 다녀오지 않은 사람이라고는 생각할 수 없을 정도이다.

　비록 칸트는 직접 세상에 나가지는 못했지만 경험을 무엇보다 흥미로워했으며 책을 통해 간접경험을 주로 한 사람이다.

또한 만 16세 때 쾨니히스베르크대학에 입학해 논리학과 형이상학을 배웠던 마르틴 크누첸 교수(Martin Knuczen, 1713~1751)의 영향을 받아 특히 자연과학에 지대한 관심을 가졌다. 이후 칸트에게 아이작 뉴턴(Isaac Newton, 1643~1725)의 물리학은 대학 시절부터 엄밀한 학의 모범으로 생각되었다. 칸트에게 경험을 다루는 학문은 자신의 연구를 위해 중요한 요소로 작용했다.

근대 철학은 과학혁명과 더불어 시작했다고 해도 과언이 아니다. 코페르니쿠스의 지동설로 시작하여 뉴턴에 의해 펼쳐진 과학적 업적들은 사람들로 하여금 세상을 보는 새로운 눈을 갖게 했다. 세계는 설명할 수 있는 대상이지 마법이나 신적 대상이 아니었던 것이다. 과학의 발달로 세계를 알 수 있다는 자신감은 철학에서도 인식론을 진일보시켰다.

과학의 발달에서 중요한 것은 인간의 이성이다. 사람들은 관찰과 실험을 통해 논리적 법칙으로 증명되는 지식을 얻는 데 핵심 역할을 한 이성을 신뢰할 수밖에 없었다. 고대 그리스 이래로 인간의 이성에 대한 신뢰는 현대 프로이트의 등장 이전까지 의심받아본 적이 없다. 이성은 진리로 가는 문의 확실한 열쇠였다.

데카르트, 스피노자(Baruch Spinoza, 1632~1677), 라이프니츠(Gottfried Wilhelm Leibniz, 1646~1716)가 대표적인 대륙의 합

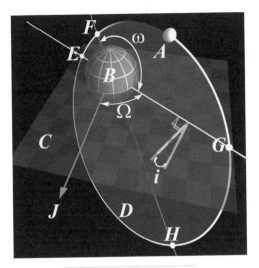

뉴턴의 천체 동역학을 설명하는 그림.

리론자들이며 칸트에게 직접 영향을 미친 합리론 철학자는 볼프(Christian Wolff, 1679~1754)와 바움가르텐(Alexander Gottlieb Baumgarten, 1714~1762)이 있다. 합리론자들은 이성의 합리적 체계로 세계를 설명했다. 합리론은 모든 지식은 이성에 의해 파악되며, 이성은 세계에 대한 지식을 경험으로부터 획득하지 않는 것이라고 생각했다. 합리론자에 의하면 지식은 본래 태어날 때부터 가지고 있었다고 주장하는 본유관념으로부터 얻는다. 생각하는 능력에 근거하는 본유관념은 우리가 자신을 느끼는 자아관념, 수학적 계산으로 얻어지는 관념 등이 대표적이다. 합리론자에게 본유관념에 기초한 탐구는 세계를 인식할 수 있는 기반이었다.

경험론의 역사는 고대 그리스의 소피스트, 원자론자, 소크라테스학파의 일부(퀴니코스학파, 키레네학파 등), 에피쿠로스학파 등까지 거슬러 올라간다. 그러나 경험론적 경향이 뚜렷해진 것은 역시 과학의 발전과 더불어 경험적 사실이 중요해지고 인식론이 철학의 중심 과제가 된 근대 이후의 일이다. 영국은 17~18세기 경험론 전통의 중심에 서 있었으며 특히 칸트는 흄(David Hume, 1711~1776)의 저작을 읽고 자신의 형이상학을 완성하는 데에 큰 깨달음을 얻었다. 영국 경험론은 베이컨, 홉스(Thomas Hobbes, 1588~1679), 로크(John Locke, 1632~1704), 버클리(George Berkeley, 1685~1753), 흄을 중심으로 발전한다. 영국에서 특히 경험론적 경향이 두드러질 수밖에 없었던 요인은 일찍부터 발전을 이루었던 자본주의적 사고방식과 사회적 분위기가 있었기 때문이다.

경험론은 인간의 모든 지식은 오직 경험을 통해서만 후천적으로 획득될 뿐이며, 본유관념과 같은 선천적 지식은 없다고 주장한다. 인식의 근거로 감각과 내적 성찰을 통해 얻는 구체적인 사실을 중요하게 여겼다. 경험론은 합리론보다 일반인의

에든버러대학에 있는 데이비드 흄의 동상. 그는 '칸트를 독단의 잠에서 깨워'주었다.

상식에 접근하는 인식론이기 때문에 사람들의 지지를 많이 받았다.

그러나 칸트가 보기에 합리론도 경험론도 엄밀한 인식론이 되기에는 근거가 부족했다. 합리론은 설명 체계에 빈틈이 없어 보였지만 생생하게 살아 있는 세계를 보여주지 못했다. 경험론이 감각 경험을 인식의 근거로 삼는 것은 아주 훌륭해 보였지만 그것만으로는 결국 주관적 관념론 내지 불가지론의 입장을 벗어나지 못했을 뿐만 아니라 흄에 이르러 '진리란 없다'는 회의주의로 귀결되었다. 흄은 인간 지성을 분석하여 모든 관념은 인상으로부터 기인한다고 보며 본유관념을 부정한다. 자신의 철학으로 경험론의 길을 택한 것이다. 흄에게 모든 관념은 인상으로부터 나온다. 그러나 흄은 데카르트와 같은 극단적인 회의론이 아닌 완화된 회의론을 주장하면서 외부 대상의 존재나 외부 대상에 있어서 인과관계의 필연적인 연결을 부정한다. 그리고 부정하는 데에 그치지 않고 그 원리를 경험적으로 설명한다. 이러한 철학 원리는 현실 생활에는 유용할 수 있으나 엄밀한 철학을 추구하는 입장에서 본다면 위기임이 분명했다.

칸트는 라이프니츠와 볼프의 합리적 형이상학에 회의를 품고 영국 경험론 특히 '칸트를 독단의 잠에서 깨워준' 흄으로부터 강력한 영향을 받았다. 더 이상 과학이 없던 시대의 철학으로 세계를 설명할 수는 없었다. 엄밀한 학문으로서 형이상학을 바로 세워야 했다. 수학과 같은 엄밀함으로 형이상학을 바로 세우는 것이 칸트의 목표였다.

칸트는 형이상학을 바로 세우기 위해 경험과 관찰로 생생한 세계를 받아들이는 인간의 감각 경험이 반드시 필요하다고 생각했다. 그리고 지성이 감각한 재료를 선천적인 인식 능력인 지성을 통해 이리저리 합리적으로 상황에 맞게 읽어들인다고 생각했다. 경험은 세계를 인식하는 재료를 인간에게 제공하고 인간의 지성은 선천적인 능력을 이용하여 이 재료를 인식하고 지식을 확장한다. 이로써 칸트는 경험론과 합리론을 종합하는 관념론이라는 거대한 철학의 바다를 완성하게 된 것이다.

추락한 형이상학의 권위를 찾아라

칸트가 『순수이성비판』 머리말 초반부에서 가장 강력하게 강조한 내용은 "형이상학이 모든 학문들의 여왕이라 불리던 시절이 있었는데 (……) 지금은 온갖 멸시를 표시하는 것이 시대의 유행이 되어서, 내쫓기고 버림받은 형이상학이라는 늙은 여인은 헤쿠바처럼 탄식하고 있다"(AIX)에 담겨 있다. 형이상 학은 아리스토텔레스가 신, 세계, 영혼에 관한 내용의 저작을 제목 없이 자연학(Physics) 뒤에 놓으며 제목이 '메타(meta; 뒤에) 피직스(pysics; 자연학)'가 된 이후 학문의 중심, 철학의 중심 자리를 내놓은 적이 없었다. 그러나 근대 자연과학이 발달하면서 엄밀한 학문으로서의 위치는 위기를 맞이했다.

칸트는 그러한 형이상학을 바로 세우기 위해 이성의 업무를 제대로 파악하기로 마음먹었다. 칸트는 이성이 하는 업무들 중에서도 가장 어려운 일인 자기인식을 하는 일에 착수하겠다는 포부를 밝힌다. 이를 위해서 하나의 법정을 설치하여 정당한 주장을 펴는 이성은 보호하고 근거 없는 모든 월권에 대해서는 권위자의 명령에 의해서가 아니라 이성의 영구불변의 법칙에 의해 거절할 수 있도록 요구할 것도 밝힌다. 이 법정이 바로 '순수이성비판'이다.(AXⅡ)

칸트가 『순수이성비판』이라는 인식론의 거대한 체계를 구성하기까지의 과정과 시간이 간단치만은 않았다. 그는 『활력의 올바른 측정에 관한 사상들(*Gedanken von der wahren Schätzung der lebendigen Kräfte*)』(1746년작, 1749년 출판)을 처음 출간하면서 30여 년에 걸친 끊임없는 독서와 사색으로 자신의 생각을 수정하고 또 보완해나갔다.

젊은 칸트는 첫 저작에서 질량(m)과 속도(v)로써 힘(K)—운동에너지—을 계산하는 것과 관련한 논쟁에 대해 '활력(살아 있는 힘)', 즉 이른바 자유운동을 주장했던 라이프니츠주의자들의 편($K = m \cdot v^2$)을 들었는데, 이에 반해 데카르트와 그의 추종자들은 '사력(죽은 힘, K=m · v)', 즉 비자유운동을 주장했다. 사실 오늘날 올바른 해석으로 인정받고 있는 1743년 달랑베르(Jean le Rond d'Alembert, 1717~1783)의 해석(K=$\frac{1}{2}$m · v²)은 주목받지 못한 채 논쟁의 판이 벌어졌지만, 칸트는 그 중심에서 힘의 계산에 관한 논쟁을 더욱 포괄적인 문제에 포함함으로써 철학자로서 이름을 떨치게 된다.

칸트가 당시 최고의 관심사였던 과학 이론에 관한 논쟁에서 얻은 경험은 최고의 학자들마저 첨예한 문제들에 관하여 의견 일치를 보기 어렵다는 것이었다. 엄밀한 기준이 있다면 그에 따라 학문이 성립하고 결론이 나야 정상이 아니겠는가. 물론 결론은 열려 있어야 하겠지만 말이다. 칸트는 힘에 관한 논쟁 과정을 통해 인간 이성의 이념에 대하여 고민하게 되었고 이러한 고민은 비판적 초월철학을 완성하기까지 칸트의 화두가 되었다.

1755년 3월, 칸트는 익명으로 『일반 자연사와 천체 이론』을 출간했다. 이 글에서 칸트는 뉴턴의 원리들에 따라서 태양계와 전체 우주의 생성에 관한 이론을 간략히 제시했다. 특히 토성의 띠와 성운에 관한 이론은 후에 천문학자 허셜(William Herschel, 1738~1822)의 관측에 의해 입증되었다. 그러나 우주 형성에 관한 칸트의 이론은 많이 알려지지 못했다. 그러다가 라플라스(Pierre Simon Laplace, 1749~1827)가 칸트와 약간 다르게 우주의 생성에 관한 가설(1796)을 제시하면서 후에 '칸트-라플라스 이론'으로 불리며 오랫동안 천문학적 논의에서 중요한 기초가 되었다.

1755년 칸트는 쾨니히스베르크대학에서 「불에 관한 성찰의 간략한 서술」로 박사학위를 받는다. 학위를 취득하고 실시한 라틴어 공개 강연은 「좀 더 쉬우면서 근본적인 철학 강연에 관하여」였다. 강당을 메운 쾨니히스베르크의 학식 있는 청중들은 칸트의 강연을 경청하고 존경을 표했다고 전해진다. 같은 해 칸트는 「형이상학적 인식의 제1원리들에 관한 새로운 해명」이라는 글로 교수 자격을 취득했다. 칸트는 대학에서 강의를 하는 사강사가 되었다. 그 당시 사강사는 국가나 대학에서 주는 급여 없이 강의료와 학생들을 개인적으로 가르쳐서 받는 돈이 전부였다. 이후 15년 동안 칸트는 사강사로 지내면서 강사 생활을 시작한다.

1756년과 1758년 두 번에 걸쳐서 칸트는 논리학과 형이상학의 원외 교수직에 응모했으나 임용되지 못했고 1764년 여름에 프로이센 정부로부터 시학 교수직을 제안받았으나 거절했다. 왕의 대관식이라든지 생일날을 위한 축가를 짓는 등의 일은 자기의 일이 아니라고 생각한 것이다. 그는 1766년에서야 정규 직책을 얻었는데 왕립 궁정도서관의 부사서직이었고 정말 얼마 안 되는 보수지만 일정한 수입을 얻게 되었다. 칸트 나이 46세 되던 1770년, 드디어 쾨니히스베르크대학 철학 교수직을 얻는다.

교수 취임 논문인 「감성계와 지성계의 형식과 원리들(De mundi sensibilis atque intelligibilis forma et principiis)」(1770)은 칸트가 초월적 이성비판으로 가는 과정에서 아직은 불명확하지만 몇 가지 중요한 전제들을 다루고 있다.

> 현상들은 사물들의 원상이 아니라 모상이며, 그것이 대상들의 내적이며 절대적인 성질을 나타내지 않는다 하더라도, 현상들에 대한 인식은 전적으로 참이다.(제11절)

> 감성적인 것을 혼란하게 인식된 것으로, 지성적인 것을 명확하게 인식된 것으로 설명하는 것은 잘못된 것임을 알 수 있다. 왜냐하면 이것은 단지 논리적 구분이고 (……) 감성적인 것도 매우 명확할 수 있고 지성적인 것도 지극히 혼란한 것일 수 있다.(제7절)

> 시간 표상은 감관들로부터 생겨나지 않으며 감관들에 의해

전제된다. (……) 시간 표상은 직관이며 (……) 순수 직관이다.(제14절)

공간 개념은 외감들로부터 끌어낸 것이 아니다. …… 그러므로 공간 개념은 순수 직관이다.(제14절)

간단하게 살펴보았지만 교수 취임 논문에는 『순수이성비판』의 중요한 전제들이 포함되어 있다. 현상에 대한 중요성이며, 시간과 공간이 순수 직관이라는 것 등 이후 칸트의 초월철학에서 다루어질 부분들이 교수 취임 논문에는 간략하게 언급되고 있지만, 사물 자체에 대한 인식이라든지 순수 지성인식과 감성적 요소들이 뒤섞여 있는 부분(제30~34절)을 인정하는 것은 아직 정교하게 다듬어지지 않은 상태이다.

이제 칸트가 하고자 하는 일은 형이상학에 적합한 방법을 찾는 일이다.

우리 시대에 논리학이 모든 학문들에 일반적으로 지정해준 학문의 한 가지 방법은 널리 유포되어 있다. 그러나 형이상학의 특유한 정신에 적합한 방법은 전혀 알려져 있지 않기 때문에 형이상학의 탐구에 몰두한 사람들이 시시포스의 돌을 끝

··· Concept Word ·

칸트의 초월적 연역

칸트에게 법적인 권한의 행사에 있어서 그것이 합법인지 월권인지 법적인 권리
의 유무를 따지는 일을 '연역(deduction)'이라고 한다. 우리는 평소에 연역이라고
하면 논리학에서의 '연역법', '연역'을 흔히 떠올린다. 그렇기 때문에 칸트의 연역
에 다가가는 것이 쉽지가 않다. 논리학에서 연역은 어떤 명제로부터 추론 규칙에
따라 결론을 이끌어내는 것이다. 예를 들어 '모든 사람은 죽는다. 소크라테스는
사람이다. 소크라테스는 죽는다'와 같은 것을 대표적인 연역법이라고 하는데 대
전제로부터 추론에 의해 참된 결론을 이끌어내며 이해하기 쉽다. 그런데 칸트의
초월적 연역은 개념들이 대상과 선험적으로 어떻게 관계를 맺을 수 있는지 그것
의 정당성을 밝히는 것이다. 마치 법정에서 아직 죄가 확정되지 않은 사람을 앞에
두고 판사가 꼬치꼬치 죄의 가능성을 캐묻는 작업과 같은 것이 칸트의 연역이다.
법정에 앉은 사람이 연역을 통해서 죄인인지 아닌지가 밝혀지듯 칸트의 연역을
통해서 형이상학의 권리와 월권이 밝혀진다.

없이 굴리면서 지금껏 한 걸음도 전진하지 못한 것은 놀라운
일이 아니다.(제23절)

칸트는 교수 취임 논문을 마무리하며 '두 장' 정도를 더 보
충하려고 했다. 그러면 자신이 의도한 형이상학의 기획을 완
성할 것으로 생각했다. 그러나 칸트는 이 논문의 중요한 문제
점을 발견하고 반성 과정에 빠져들었다. 그것은 '어떤 근거에서
주관의 선험적 표상이 경험적 대상에 대해 타당하게 적용될 수
있는가?' 하는 물음이었다. 이 물음은 소위 '연역(Deduktion)'이

라고 불리는 문제인데 칸트 이전 연구에서는 간과한 주제였다.

칸트는 연역의 문제를 해결하는 것이 바로 형이상학 전체의 문제를 해결하는 열쇠가 될 것이라 여겼고, 다음 연구의 제목을 '감성과 이성의 한계'라고 구상했던 계획을 수정하여 '순수이성비판'을 출판하기로 했다. 교수 취임 논문을 간단하게 보완하려던 구상의 '순수이성비판'은 약 10년간의 침묵 속으로 사라졌다. 10년 동안 칸트는 친구 헤르츠(Marnus Herz, 1747~1803)와의 서신 교환을 통해 풍부한 계획과 구상들을 보여주었다. 비판철학으로 가는 길은 침묵 아닌 침묵의 10년 동안 수정과 수정을 거듭하며 완성돼 나갔다. 1781년 57세의 칸트는 드디어 자신의 3대 비판서 중 첫 번째인 『순수이성비판』을 세상에 내놓았다.

인간 이성의 운명이 비판철학으로 이끌다

칸트는『순수이성비판』초판 머리말을 인간 이성의 운명에 대한 탄식에서 시작한다.

> 인간의 이성은 어떤 종류의 인식에서 특별한 운명을 가지고 있다. 인간 이성은 이성의 본성 그 자체로부터 부과된 것이기 때문에 물리칠 수도 없고 인간 이성의 모든 능력을 벗어나는 것이어서 대답할 수도 없는 문제들로 인해 괴롭힘을 당하고 있는 것이다.(AⅦ)

도대체 칸트는 인간 이성의 본성을 무엇으로 보았기에 그 본성상 어쩔 수 없이 물을 수밖에 없고 대답할 수조차 없는 문제들로 괴롭힘을 당하고 있다고 한 것이었을까. 생각하면 이런 가혹한 운명이 또 있을까. 타고나기를 대답할 수 없는 문제에 매달려야 하다니.

인간 이성의 본성이 무엇이냐고 물었지만 좀 더 구체적으로 인간이 본질적으로 갖는 물음을 생각해보자. '인간의 존재 목적은 무엇인가?', '생명이란, 죽음이란 무엇인가?', '행복이란 무엇인가?', '신이란 무엇인가?', '영혼이란 무엇인가?', '우주는 영원한가?' 등. 이런 물음이 진정한 철학이라고 하지만 사실 우리는 이러한 물음에 확실한 대답을 하지 못한다. 철학자 각자가 확신하는 믿음을 가지고 대답할 뿐이다. 그렇다고 이런 '형이상학적' 물음을 철학에서 제외한다면 철학의 의미는 사라질 것이다. 왜냐하면 이러한 물음들은 인간이 철학을 시작하면서부터 철학의 중심 주제였기 때문이다. 칸트는 이성의 운명은 바로 이런 질문의 한가운데에 있으면서 괴롭힘을 당하고 있다고 말하고 있다.

이렇게 『순수이성비판』을 시작한 칸트의 의도는 무엇일까? 사실 철학에서 물어왔고 답하기 어려운 모든 문제를 칸트가 해결하기는 어렵다. 그러나 칸트는 이성의 운명이 처한 이

어려운 지경에 대해 자신의 저작에서 한번 대답해보겠다는 의지의 포문을 열고 있다.

아리스토텔레스의 『형이상학』은 존재하는 것들에 대한 가장 보편적이고 일차적인 진리들에 대한 사유의 기록이다. 『형이상학』에는 기체, 질료, 형상, 본질, 보편자, 능력, 활동 등이 등장하고 분석된다. 그러나 내용은 여기에서 그치지 않고 감각적인 실체의 분석에서 시작해 비감각적이고 운동하지 않는 실체의 분석으로 나아가는데, 아리스토텔레스에게 이 실체는 신이다. 고대 철학자는 현실의 사물들을 분석하면서 보편자를 찾아갔다. 그러한 형이상학의 체계를 칸트는 이성 자체의 본성으로 보는 것이다. 즉 어떤 원칙에서 출발해서 그 기원적인 제약들로 소급해가면서 무조건자를 찾는 것이 인간의 본성이라고 한다. 무조건자란 신과 같이 그 어떤 조건에도 구속되지 않는 절대적인 존재자이다. 사실 아리스토텔레스의 『형이상학』도 『자연학』을 공부한 다음에 공부해야 할 분야이다. 그래서 형이상학이 그리스어로 'ta meta ta physica' 즉 '자연적인 것들 다음에 오는 것들'이지 않은가. 아리스토텔레스의 『자연학』은 개별 사물들의 운동과 변화에 대한 책이다. 운동과 변화는 반드시 이전의 조건에 제약되어 있다. 스스로 운동과 변화를 할 수는 없다. 그렇기 때문에 운동과 변화의 과정을 소급해 올라

가며 탐구할 수밖에 없다. 이러한 계열을 거슬러 올라가면 다른 것에 의해 운동하지 않으면서 스스로 운동하는 존재가 있게 된다. 만약 스스로 운동하는 존재를 설정하지 않는다면 무한 소급의 굴레에 빠지게 된다.

따라서 칸트는 모든 제약으로부터 자유로운 존재, 모든 제약을 만들어내는 존재로서의 무제약자를 찾는 것이 이성의 사변적 본성이라고 본다. 운동, 변화, 경험의 궁극적 토대를 만들면서도 모든 경험의 저편에 놓여 있는 것을 찾는 것이 인간의 이성이고 이것을 형이상학이라고 한다. 형이상학 안에서는 지금까지 경험의 한계를 넘어 실증할 수 없는 영역에서까지 자신의 진리를 주장하는 논란이 벌어져왔다고 칸트는 주장한다.

그런데 문제는 경험은 실증될 수 있지만 경험을 넘어서 있는 영역은 실증될 수 없다는 것이다. 그럼에도 불구하고 이성은 운명에 따라 가능한 모든 경험적 사용을 넘어서게 되고 그렇게 함으로써 암흑과 모순에 빠진다(AⅧ). 이 암흑과 모순 속에서 형이상학은 원칙적으로 끝없는 투쟁의 싸움터가 된다.

칸트는 이성주의 형이상학을 독단적이라고 비판한다. 데카르트, 스피노자, 말브랑슈(Nicolas Malebranche, 1638~1715), 라이프니츠 등이 근대 이성주의 형이상학을 형성했지만 특히 칸트는 당시 강단을 지배하던 볼프 학파를 염두에 두고 있었다. 이들을 칸트가 독단적이라고 한 이유는 이성비판을 선행하지 않고 특정한 근본적 가정, 예를 들어 "신은 현존한다. 세계는 시초가 있다. 영혼은 불멸한다" 등을 인간에게 강요하기 때문이다. 칸트는 독단주의자들의 법칙 수립은 옛날 야만성의 흔적을 그대로 가지고 있었기 때문이고 서로 간의 내란으로 인해 점차 완전한 무정부 상태로 퇴락했다(AIX)고 진단한다.

형이상학은 독단론자들의 혼란 속에서 더욱 설 자리를 잃어갔다. 이후 형이상학의 싸움터는 이성주의와 경험론의 대결처럼 보인다. 경험론은 인간의 모든 지식은 오직 경험을 통해서만 후천적으로 획득될 뿐이며 본유관념과 같은 선천적 지식은 없다고 주장한다. 칸트는 경험론이 인간 지성의 싸움거리들을 일종의 '생리학(심리학)'으로 끝내는 것처럼 보였으나 칸트가 보기에 그것은 형이상학의 답을 일상 경험에서 구하려는 천박한 행위에 지나지 않았다.

게다가 근대 경험주의가 '진리란 없다', '진리라는 것이 있다 하더라도 그것을 알 수는 없다'는 쪽으로 방향을 잡은 회의주의는 더욱 형이상학의 위기를 부추겼다. 칸트는 회의론이 "전체 형이상학을 가볍게 처리해버리는"(BXXXXVI) 방식이라거나 "가능한 한 어디에도 인식의 신뢰성과 확실성을 남기지 않기 위해 모든 인식의 토대를 무너뜨리는, 기교적이고 학문적인 무지의 원칙"(B451)이라고 여긴다. 그러나 회의주의 철학자 흄을 접한 칸트는 이러한 형이상학의 싸움터에서 자신이 가야 할 길을 발견한다.

> 그는 처음으로 독단의 선잠을 깨우고 사변 철학의 영역에서 나의 연구에 완전히 다른 방향을 제시해주었다.(『프롤레고메나』 IV 260)

물론 칸트가 흄의 『인간 지성론』(1690)을 읽고 독단적 형이상학의 비판에 크게 감동을 받기는 했으나 흄의 경험론적이고 회의론적인 결론에까지 사로잡힌 것은 아니었다. 칸트는 이제 형이상학이 현재 상황에서 실제로 벗어날 길을 향해 나아가기 위하여 법정을 설립한다. 순수이성의 가능성을 불편부당하게 검토하고 합법적 주장을 확실하게 하고 근거 없는 월권은 거부하는 재판으로 전쟁을 대신한다. 그러한 검토, 구분, 정당화를 근원적인 의미에서 비판이라고 한다.

그런데 비판은 경험을 바탕으로 해서는 안 된다. 이성이 경험에서 독립해 추구할 수 있는 모든 인식에 대해 비판 작업을 해야 한다. 칸트의 '비판'은 형이상학 일반이 가능한지, 가능하다면 그 범위나 한계는 어디까지인지를 원리로부터 밝히는 것이다. 이러한 것을 '이성 능력 일반'에 대한 비판이라고 한다.

칸트는 인간의 이성이 본성상 탐구하고자 하는 무제약자 혹은 신 혹은 완전성에 대한 탐구 열망 때문에 벌어진 형이상학의 싸움터를 정리하고자 법정을 세우고 비판을 시작한다. 인간의 역사에서 근대 과학이 물질적으로 인간의 완전성을 추구하는 데에 도움을 주었다면 형이상학, 즉 철학을 통해 인간다움의 완전성을 추구하려고 했던 것이 칸트의 기획이었을 것이다.

인간다운 인간으로 향하는 첫걸음, 계몽은 계속되어야 한다

　칸트에게 인간다운 인간이란 도대체 무엇인가? 칸트는 계몽주의 시대를 살았다. 칸트는 프리드리히 대왕(Friedrich der Große, 1712~1786) 치하에서 살면서 그를 계몽군주로 칭송했다. 그러나 그가 통치하는 시대는 아직 "계몽된 시대는 아니지만 계몽이 진행 중인 '계몽의 시대'"[1]라고 보았다. 이전 시대보다 과학기술이 발전하고, 인간 이성의 적극적 사용을 지지하는 계

1 『칸트의 역사철학』, 「계몽이란 무엇인가에 대한 답변」, 이한구 편역, 서광사, 1992, 20쪽.

계몽주의

계몽주의(enlightment)는 근대 이성의 빛으로 중세의 어둠을 밝히려는 지적 운동이다. 계몽주의는 17세기 근대 유럽에서 태동했다. 칸트는 "계몽이란 우리가 마땅히 스스로 책임져야 할 미성년 상태로부터 벗어나는 것이다"(『계몽이란 무엇인가에 대한 답변』,1992,13)라고 정의한다. 그러므로 계몽의 표어는 "과감히 알려고 하라!(Sapere aude)", "너 자신의 지성을 사용할 용기를 가져라!"가 될 수밖에 없다. 칸트는 당시까지 학계에서 당연시 해왔던 라틴어 사용을 과감히 버리고 자신의 모국어인 독일어로 주저작들을 써나갔다. 라틴어만이 권위 있는 언어라고 생각하던 전통에 정면으로 반박하고 나선 것이다. 종교개혁 이후 성경이 라틴어에서 각국의 언어로 번역되어 중세 교회의 남용된 권위가 무너지고 사람들은 스스로 신앙을 키울 수 있었다. 칸트는 학문 역시 누구나 누릴 수 있으려면 모국어로 쓰여져야 한다고 생각한 계몽주의자였다. 어려운 철학을 한 칸트였지만 누구보다 낮은 곳을 보고 있었다.

몽된 군주가 있는 시대가 되었으니 계몽의 시대는 맞겠으나 그것으로는 인간다운 인간의 완성, 즉 계몽된 인간의 모습을 보기에는 갈 길이 멀었던 것이다.

　칸트는 이성의 비판을 통해서 계몽된 인간의 완성된 모습을 보여주고 싶어 했던 것 같다. 그것은 칸트가 그의 3대 비판서로 해명하고 싶었던 주제들을 보면 짐작할 수 있다. 칸트는 『순수이성비판』(1781)에서, 자연세계에서 인간이 무엇을 얼마나 알 수 있는가를 해명하려고 했고, 『실천이성비판』(1788)에서, 자유의지를 가진 도덕적 인간은 어떻게 가능한가를 해명하려 했다. 또 『판단력비판』(1790)을 통해 자연의 세계와 자유의 세계가 어떻게 연결될 수 있는지를 해명하려 했다. 그런데 이 모든 작업을 엄밀한 학문으로서 완성하기 위하여 경험과 독립하여 보편적일 수 있는 법칙, 즉 순수한 이론 이성을 통해서 해명하려고 했다.

경험으로부터 독립한 개념이 있다. 경험과 관계없는 것을 말하는 것처럼 보이는 이 표현은 사실 칸트의 주요한 개념인 '선험적(a priori)'이라는 특수한 개념이다. 칸트가 자신의 사유 방식을 코페르니쿠스적 전환이라고 한 이유는 인식의 중심을 대상에 두지 않고 인간 자신에게 두었기 때문이다. 대상은 경험되는 것이다. 우리는 둥그런 어떤 대상을 경험할 수 있지만 그것이 무엇인지 인식하기 위해서는 내가 태어날 때부터 가지고 있는 인식 능력 즉 개념을 가지고 이리저리 인식해보아야 한다. 예를 들어 우리는 둥그렇고 붉은색을 띠고 있으며 향긋한 냄새가 나고 씹었을 때 달콤한 과즙을 주는 물체를 인식한다. 오랜 시간에 걸쳐 그 물체에 '사과'라는 이름도 붙었지만 그 이름은 우연적인 것이다. 또 다른 둥그런 물체를 예로 들어보면 붉은색을 띠고 있으며 별다른 냄새가 없으며 탄성이 있고 손에 쥘 만한 물체를 우리는 인식한다. 아이들이 가볍게 가지고 놀 수 있는 공이다. 사과와 크기와 모양은 비슷하지만 우

선험적

칸트의 주요 개념 중 하나인 '선험적'이라는 개념은 특수한 개념이다. 경험과 독립해 경험이 섞이지 않은 개념을 말한다. 삼각형이나 사각형 같은 수학형 개념은 경험에서 관전히 독립한 순수한 선험적 개념이다. 예를들어 '과일'은 우리가 경험하는 여러 과일들을 추상했기 때문에 '개념'으로 불리며 경험적 개념이다. 반면에 삼각형이나 사각형 같은 수학적 개념은 경험에서 완전히 독립한 순수한 선험적 개념이다.

리의 인식 능력은 두 물체를 다르게 인식한다. 그러한 인식 능력은 경험적 대상을 인식하지만 경험으로부터 유래한 것이 아니고 경험과 독립해 있는 것이다. 그러한 인식 능력이 바로 선험적인 것이다.

칸트는 실천적으로도 세계 속에 인간의 도덕적 위치에 대한 문제를 제기했다. 세계는 보편적인 인과율에 따르는 순수하게 기계적인 세계이다. 그러나 인간은 자신 속에서 도덕적 의도와 목적으로 구성된 또 하나의 이성적 체계를 발견한다. 인간은 이성적 체계를 통해 자연을 초월하는 힘을 가지며 자연을 자신의 의지에 복종시킨다. 자연은 기계론적 법칙을 따르며 그 자체로는 목적론적 의미를 가질 수 없다. 오직 인간의 이성과 실천만이 목적을 부여한다. 이러한 목적론적 이성이 의지의 원리이다. 세계의 목적은 자연세계를 넘어서 있는 것이며 성취되어야만 하는 것이다. 그리고 세계를 변혁하는 힘은 실천이성으로서 작용하는 인간의 의지이다.

칸트는 『실천이성비판』 제1권 '순수실천이성의 분석론'에서 의지가 어떻게 규정될 수 있는지, 어떤 규정 근거가 도덕적으로 타당한지 그리고 의지의 자유는 무엇인지를 해명하고자 한다. 『실천이성비판』 제2권 '순수실천이성의 변증론'에서 칸트는 최상의 선으로부터 생기는 영혼 불멸과 신이라는 두 가지 이념의 실재를 탐구한다. 인간은 누구나 의지를 가지고 실천적으로 행동한다. 그런데 문제는 의지가 원칙에 의해서 규제된다는 것이다.

칸트는 인간이 도덕원리로 삼는 준칙과 법칙을 구분한다. 예를 들어 개별자가 '나 편한 대로 살겠다'와 '타인을 돕는 삶을 살겠다'라고 나름의 규칙을 세웠다고 가정해보자. 둘 다 어쨌든 주관이 의지를 가지고 실천하는 준칙이다. 스스로 세운 준칙에 따라 행동하기는 마찬가지지만 전자와 후자는 도덕법칙의 측면에서 다르게 평가될 수 있다. 전자와 같이 자기 편한 대로 사는 삶이란 너무도 주관적이기 때문에 매번 결과가 다르게 나올 것이다. 후자는 이타적인 삶이므로 최소한 이기적인 삶보다는 도덕적일 가능성이 훨씬 높다.

칸트는 "네 의지의 준칙이 언제나 보편적 입법의 원리가 되도록 행동하라"(『실천이성비판』 A54)고 한다. 그 유명한 정언명령이다. 자신의 의지의 준칙이 언제나 보편적 입법의 원리가 되도록 행동하라고 했으니 인간은 준칙으로서만 행동해서는 진정 도덕적인 인간이 될 수 없다는 것이다. 그런데 어떤 경우에 인간이 세운 준칙이 객관적인 법칙이 될 수 있을까. 실천법칙은 "의지의 보편적인 규정을 함유하는 명제들로서, 그 아래에 다수의 실천 규칙들을 갖는다."(『실천이성비판』 A35) 준칙도 보편을 포함하면 도덕 법칙이 될 수 있다. 그러나 준칙에 보편 법칙이 포함되지 않으면 도덕 법칙이 될 수 없다. 이에 비해 모든 외적 경험 대상에 앞서서 의지를 좌우하는 법칙은 객관적인 실천원칙으로서 도덕법칙이다. 이 법칙은 경험 대상과 전혀 상관없이 의지를 좌우하고 명령하는 무제약적 정언명법이다. 칸트에 의하면 이 도덕법칙은 모든 사람들에게 작용되기 때문에 필연적이며 보편적이다. 만일 이 도덕법칙에 따라서 행동하지 않는 사람이 있다면 그는 양심의 고통을 받을 것이다. 따라서 인간은 항상 준칙이 법칙에 따르는지 그렇지 않은지 반성하는 삶을 살아야 도덕적일 것이다.

실천 영역에서 칸트가 정언명령 다음 단계로 제시하는 것은 실천이성의 전체적, 무제약적 대상인 '최고선'이다. 인간이 자유의지를 가지고 스스로 정한 준칙을 도덕법칙에 맞게 살아가면 어느 정도 도덕적 인간으로 살아갈 수 있다. 그러나 칸트에게는 아직 부족하다. 최고선을 성취해야 한다. 최고선은 실천이성의 대상이다. "순수실천이성으로서의 이성은(경향성과 자연적 필요에 기인하는) 실천적으로-조건지어진 것에 대해서도 마찬가지로 무조건자를 찾는다. 그것도 의지의 규정 근거로서 찾는 것이 아니라, 그로부터 주어졌다 할지라도, 순수실천이성의 대상의 무조건적 총체를 최고선의 이름 아래에서 찾는다."(『실천이성비판』 A194)

도대체 '최고선'은 무엇일까. "최고는 최상(最上)을 의미할 수도 있고, 완벽을 의미할 수도 있다. 최상의 의미는 그 자체로 무조건적인, 다시 말해 다른 어떤 것에도 종속되지 않는 원본이다. 후자는 전체의 부분이 아닌 전체 곧, 완전이다."(『실천이성비판』 A198) 이 두 개념을 포함하고 있는 최고선이 되기 위한 첫 단계는 덕을 성취하여 최상선에 도달하는 것이다. 이는 덕의 실현을 말한다. 그러나 최상선은 이성적 유한 존재자의 욕구 능력의 대상으로서 전체적인 완벽한 선은 아니다. 왜일까?

덕이 있는 인간처럼 훌륭한 인간도 없다. 맹자는 인간의 마음에 인(仁)·의(義)·예(禮)·지(智)의 도덕성이 내재해 있는 '선한 본성'을 이야기했다. 그런데 칸트는 이것만으로는 부족하다는 것이다. 덕이 있는 인간은 객관적으로 누군가 보기에 도덕적이고 선하긴 하지만 도덕을 실천한 인간이 행복하기까지 한다면 그야말로 완전한 최고선을 이룬다는 것이 칸트의 입장이다. 최고선은 덕과 행복의 일치로 성취될 수 있다.

이러한 최고선이 실현되는 데에는 사실 필연적으로 전제되어야 할 것들이 있다. 칸트는 최고선의 필연적인 전제들을 순수실천이성의 요청들이라고 부른다. 실천이성의 요청은 최고선을 가능한 것으로 생각하고, 실천이성의 의미 요구를 충족될 수 있는 것으로 생각하기 위하여 필연적으로 가정해야 하는 대상들이다. 그 대상들은 영혼의 불멸성, 자유, 신의 현존이다. 영혼의 불멸성이 요청되는 이유는 도덕법칙을 완벽하게 실현하기 위한 적절한 시간의 길이, 즉 영원이라는 시간이 필요한데, 그것은 실천적이고 필연적인 조건이다. 자유가 요청되는 이유는 감성 세계로부터의 독립성과 예지 세계의 법칙에 따라 자기의 의지를 규정하는 능력, 즉 자유의 필연적 전제에서 나온다. 신의 현존이 요청되는 이유는 최고의 독립적인 선의 전제 아래 최고선이 있기 위한 예지 세계의 조건, 즉 신의 현존의 필연성에서 나온다.(『실천이성비판』 A238)

그런데 이러한 실천이성의 대상, 즉 최고선을 도덕법칙에 따라 자연세계에 실천할 인간은 자유로운 인간이어야 한다. 자유는 "한 상태를 자신으로부터 시작하는 능력"(B560)이다. 이것은 모든 사건은 원인을 가진다는 인과 원리에 어긋나는 것이다. 그러므로 "완전한 자발성"(B397)으로서 도덕 행위를 가능하게 하는 의지의 자유는 자연 안에서 불가능하다. 칸트는 이러한 자유 개념을 "문제 있는 개념"(B397)으로 보았다. 결국 자유는 자연 존재로서 인간에게 속한 것이 아니고 자연 속에서 만날 수 없는 '초월적인 것'이다. 순수이성은 자유 개념에 문제성이 있다고 했을 뿐 실재성을 보장해주지는 않는다.(『실천이성비판』 A4)

자유의 실재성, 곧 실천적 자유는 도덕법칙을 통해 증명된다. 그리고 이 도덕법칙에 기대어 자유에로 나아간다. "자유의 최초의 개념은 부정적이므로, 우리는 자유를 직접 의식할 수가 없고, 또한 경험은 우리에게 현상들의 법칙만을, 즉 자유와 정반대되는 자연의 기계성만을 인식하게 하는 것이므로, 경험으로부터 자유를 추리할 수 없다. 그래서 우리에게 직접적으로 (우리가 의지의 준칙을 구상하자마자) 의식되는 것은 도덕법칙이다. 도덕법칙은 우리에게 가장 처음 주어지는 것이다."(『실천이성비판』 A53) 이렇게 주어진 도덕법칙은 절대적인 것이기 때문에 전적으로 독립적인 규정 근거가 되고 자유의 개념에 이른다. 결국 칸트는 도덕법칙에 의해 의지의 자유가 실재적임이 증명된다는 것이고 사변 이성에서 문젯거리로 남아 있던 자유는 실천의 영역에서 실재성을 획득한다.

칸트에 의하면 자연세계의 인식에서 주체성을 획득한 인간은 자발적인 노력을 통해 세계를 구성하고 탐구할 자격을 얻는다. 또 인간은 자연세계에서 실현하지 못한 도덕적 이념을 자유의 영역에서 실현할 수 있다. 그 방법은 도덕 법칙을 따르고 선의지를 실현하면서 인격적 주체로 거듭나는 것이다. 이제 칸트가 기획한 계몽된 인간의 완성을 눈앞에 두고 있다. 그러나 칸트의 비판철학의 기획에서 자연세계와 자유세계는 아무런 매개 없이 이어질 수 있는 세계가 아니다.

그래서 기획한 책이 『판단력비판』이다. 『순수이성비판』이 자연의 인과법칙에 의해서 성립하는 자연을 탐구하지만 감성계에 제한되고 사변 이성은 경험의 한계를 넘어서지 못한다, 『실천이성비판』이 자연법칙과 상관없는 의지의 자유를 탐구하는데 그 영역은 도덕법칙이 적용되는 초감성의 세계이다. 『판단력비판』은 자연과 자유, 감성계와 초감성계 둘의 매개가 요청되는데 둘을 연결할 수 있는 인간의 능력이 반성적 판단력이고, 그 원리가 합목적성임을 보여주는 저작이다.

칸트는 "판단력 비판을 미감적 판단력 비판과 목적론적 판단력 비판으로 구분한다. 전자는 주관적 합목적성을 쾌 또는 불쾌의 감정에 의해서 판정하는 능력을, 후자는 자연의 실재적 합목적성(즉 객관적 합목적성)을 지성과 이성에 의해서 판정하는 능력을 뜻한다."(『판단력비판』 Ⅷ)고 한다. 또한 "판단력 비판에서 이 비판에 본질적으로 속하는 것은 미감적 판단력을 내용으로 갖는 부문"이라고 하는데 그 이유는 이 미감적 판단력만이 우리 인식능력에 대한 형식적 합목적성의 원리를 포함하며, 이 형식적 합목적성 없이 지성은 자연에 순응할 수 없기 때문이다. 다시 말하면 아름다움을 다루는 영역은 경험 이전 것들을 다루는 초월적 영역이다. 이 초월적 원리가 예술과 자연을 이해할 수 있게 해준다는 것이다.

아름다움에 감탄하고 자연의 완벽한 조화로움에 경외심을 갖는 인간은 이념을 현실에 적용하는 인간들이다. 즉 아름다움, 숭고함, 자연의 위대함 등이 취미 판단을 통해 인간의 정신에 구현되는 것이다. 아름다움을 관조하는 것만큼 인간다운 행위가 또 있을까. 인간이 수행할 수 있는 행위 중 최고는 바로 예술을 관조하는 행위일 것이다.

계몽된 인간은 지식, 도덕, 예술을 겸비한 인간일 것이다. 그런 인간에 대한 열망을 칸트는 '인간은 무엇을 알 수 있는가', '인간은 무엇을 행해야만 하는가', '인간은 무엇을 희망해도 좋은가'라는 질문을 화두로 해서 『순수이성비판』, 『실천이성비판』, 『판단력비판』에 써내려가지 않았을까. 비록 현실의

인간은 칸트의 계몽된 인간처럼 살 수는 없겠지만 하나의 근대
적 인간 모델로서 손색없는, 혹은 이상적 인간으로서 훌륭한 그
런 인간의 모습을 칸트는 우리에게 보여주려고 했던 것 같다.

2장

『순수이성비판』 읽기

칸트가 초월철학자인 이유

초월적이란?

우리는 칸트의 철학을 '비판철학' 또는 '초월철학'이라고 부른다. 먼저 칸트 철학을 이렇게 부르는 이유를 설명하고 나서 칸트의 개념들에 접근해야 칸트라는 산에 수월하게 오를 수 있다.

칸트는 모든 경험 이전에 놓인 경험의 조건들을 '초월적 (transzendental)'이라고 부른다. 초월의 개념은 칸트를 통해 크게 알려졌지만 이미 중세기의 철학도 그것을 알고 있었다. 중세

초월적

> 칸트는 모든 선험적 인식을 초월적(transzendental)이라고 하지 않는다. 초월적이
> 라는 말은 "인식의 선험적 가능성 혹은 인식에 관한 선험적 사용"(B80)에 관한 것
> 이다. 칸트는 초월철학을 통해서 대상들이 아니라 대상들에 대한 우리의 인식 방
> 식을 선험적으로 다루는 방식을 초월적이라고 한다. '초월적'은 인식 방식에 관한
> 문제이기 때문에 칸트 철학의 큰 틀로 볼 수 있다.

의 철학은 초월자를 'transcendentia'라고 했는데, 유와 종의 구분 한계를 넘어서며 존재하는 모든 것에 대해서 제한 없이 타당한, 존재의 최종 근거 규정으로 이해한다. 즉 존재자를 생각할 때 언제나 미리 전제하는 것이 바로 초월적 성격이라는 것이다. 예를 들어 플라톤의 이데아(idea), 중세철학의 공통존재자(ens), 하이데거의 존재(Sein) 등은 세상의 모든 존재하는 것들을 존재하게 하는 근거들이다.

초월철학으로 해명하고 싶었던 것

칸트가 초월철학을 통해 궁극적으로 해명하고자 하는 철학적 사태는 무엇일까.

칸트는 1772년 헤르츠에게 보낸 편지에서 초월철학의 기본 기획의 단초를 보이고 있다. "우리가 표상이라고 부르는 것과 대상의 관계는 무엇에 근거할까?"(『편지들』, 130)[2] 여기서 묻고 있는 '표상과 대상 간의 관계의 근거'야말로 칸트 철학의 근본 문제로서, "지금까지 가려져 있던 형이상학의 모든 비밀을 푸는 열쇠"(『편지들』, 130)이며 그것의 해명이 곧 "형이상학의 근원" 또는 "형이상학의 형이상학"(『편지들』, 269)이며 이후 칸트 초월철학의 본질적 과제가 된다.

표상과 대상이 각각 주관적 표상과 객관적 대상을 뜻하는 것으로 본다면 여기서 해명되어야 할 관계란 인식 주관과 인식 객관의 관계이다. 칸트가 이 둘의 관계를 묻는 것은 이전 철학과 선을 긋는 중요한 지점이기도 하다. 칸트 이전까지 표상은 대상만큼의 가치가 있지 않았다. 오직 대상을 어떻게 인식할 것인가가 문제였다. 대상을 경험을 통해서 인식할 것인가 합리적으로 인식할 것인가가 문제였지, 표상은 가상, 즉 진리와 관계없는 것에 불과했다. 그런데 칸트에게 와서 코페르니쿠스적 전회를 통해 인식하는 주관이 세상을 구성하게 되었듯, 이제 대상 자체를 어떻게 인식할 것인지의 문제가 아니라 표

---

2 I. Kant, *Briefe*(『편지들』), Deutsche Akademie der Wissenschaften zu Berlin, 1900ff.

상과 대상의 관계가 문제가 되었다.

이제 좀 더 구체적으로 주관과 객관의 근거에 대한 물음이 묻고 있는 사태에 대해 생각해보자. 일상적인 상황에서 주관이 객관 대상을 인식한다는 것은 자명한 사실로 받아들여진다. 전통적인 방식에서 사고와 대상의 일치(대응)는 오래된 진리 규정이다. 우리는 그러한 견해를 진리 대응설이라고 부른다. 그렇다면 대상과 주관이 일치하는지 그렇지 않은지는 어떻게 확인할 수 있을까. 무엇보다도 먼저 우리의 감각적 경험이 그것을 판정해준다. 누군가 '이 사과는 빨갛다'라고 했을 때, 그가 가리킨 사과가 감각적 경험에 의해 빨간 것으로 확인되는 한, 그의 말은 참된 판단 즉 진리가 되며, 거기에 아무도 의심을 제기하지 않는다. 주관이 갖는 표상과 객관 대상이 일치한다는 것, 주관이 대상에 대해 참된 인식을 가질 수 있다는 것이 자명하게 받아들여지는 것이다. 진리 판단이 아니라고 하더라도 일상적 태도에서 이러한 대상과 주관이 일치하는 데에 그 근거가 무엇인가 하는 물음이 제기조차 되지 않는다.

그러나 철학적 태도에서는 약간 문제가 될 수 있다. '이 사과는 빨갛다'고 했을 때, '이 사과'는 사과라는 대상 자체가 아니라 사과의 표상이기 때문에 '이 사과는 빨갛다'라는 판단이 정확하게 무엇을 말하는지 알 수가 없다.

다시 돌아와서, 대상과 인식의 일치라는 판단은 일상적 태도에서 전혀 문제가 없지만 타인의 마음을 판단할 때는 어려움이 생긴다. 타인의 마음에 공감을 잘하는 사람일지라도 상대방이 포커페이스를 잘하는 사람이라면 누구든 상대방의 마음을 정확하게 알기란 불가능하다. 그러나 우리는 상대방이 기뻐할 때나, 슬퍼할 때, 혹은 우울해할 때 정도는 파악할 수 있다. 그것은 같은 인간이라는 공통점 속에서 가능한 일이다. 서로 다른 언어를 사용하는 사람들도 보디랭귀지로 어느 정도 의사소통이 가능하다. 그것도 역시 인간이라는 공통 분모가 있기에 가능한 것이다. 영화 〈컨택트〉(2017)에 등장하는 외계인과 의사소통하기 어려웠던 것은 지구인과 외계인 사이에 공통점이 없었기 때문이다. 그러나 주인공은 공통적으로 인지할 수 있는 기본적인 언어의 속성을 외계인에게 가르치고 또 배우며 소통에 성공한다. 우리는 인간에 대해서라면 그 어느 생명체보다 더 잘 이해할 수 있다. 동물의 행동에 대해서는 어느 정도 연구결과에 의해 이전보다 많이 알게 되었지만 아직도 그들의 명확한 감정과 생각을 알 수는 없다. 그 이유는 인간과 동물 사이에는 유사성보다 차이가 크기 때문이다.

인간이 신을 이해하고 알아볼 수 있는 이유는 인간 안에 신과 같은 신성을 갖고 있다는 것을 의미한다. 천재가 천재를 알아보고 선한 인간만이 선한 인간을 알아본다. 여기에서 우리가 전제할 수 있는 것은 '비슷한 것이 비슷한 것을 알아본다'는 원리이다. 그렇다면 앞서 언급한 '이 사과는 빨갛다'는 판단은 이러한 원리에 비추어본다면 문제가 생긴다. 나와 사과는 서로 다르다. 주관인 나는 인간이고 객관인 사과는 과일이다. 나와 전혀 닮은 구석이 없는 사과를 내가 어떻게 인식할 수 있을까? 사과에 대해 내가 갖는 표상이 사과와 일치한다고 어떻게 확인할 수 있는가? 나는 내가 아닌 것에 대해 어떻게 인식할 수 있는가?

이 물음은 우리가 앞서 제기했던 물음, 즉 주관이 어떻게 객관을 인식할 수 있는가, 주관과 객관의 인식적 관계의 근거는 무엇인가 그리고 표상과 대상 간의 관계의 근거가 무엇인가 하는 물음이다. 관계에 대해 묻는다는 것은 더 이상 주관과 객관을 이원적 차원에서 분리하지 않는다는 것이다. 주관과 객관의 존재는 경험적 차원에서는 서로 다른 것이지만 어떤 식으로든 관계 맺지 않는다면 주관이 객관에 대해 인식하는 것은 전혀 불가능한 일이 된다.

주관과 객관의 관계의 근거에 대한 물음, 표상과 대상 간의 관계에 대한 물음은 인식론적 차원을 넘어 형이상학적 차원의 물음이 된다. 플라톤의 선(善)의 이데아는 주관과 객관의 관계의 근거가 된다. 플라톤은 "'보는'('봄'의) 감각과 '보이는'('보임'의) 힘은 결코 사소하지 않은 종류의 것에 의해, 즉 서로를 연결해주는 다른 어떤 멍에들보다도 더 귀한 멍에에 의해 연결되어 있다"고 하면서 "태양"이 그것임을 말한다.(『국가』, 6권, 508a) 태양 빛이 없으면 시력이 있어도 볼 수 없고 대상은 보여지지 않는다. '봄'은 주관의 '봄'이고 '보임'은 객관의 '보임'이다. 시각과 보이는 대상 그 자체가 아니면서도 그것들에 힘을 주는 것이 태양이다. 플라톤이 말하고자 하는 것은 바로 '봄'과 '보임'을 가능하게 하는 것이 '태양'인 것처럼 인식 주관에게 인식 능력을 부여하고 인식 객관에게 진리를 부여하는 것이 '선의 이데아'라는 것이다. 선의 이데아라는 매개를 통해서만 주관이 객관을 인식할 수 있다.

이러한 주관과 객관을 매개하는 역할을 중세에는 신이 담당한다. 주관적 표상이 객관적 사물과 일치할 수 있는 근거는 세계를 창조한 신 때문이다. 인간과 사물 세계 모두 신의 피조물이기 때문에 이들을 창조한 신의 매개를 통해 올바른 관계가 형성될 수 있다. 데카르트 역시 인간의 객관 외부 세계에 대한 참된 인식의 마지막 근거를 신의 비기만성, 성실성에서 구하고 있다.(『성찰』, 제5권, 제6권 참조)

나는 대상들이 아니라 대상들에 대한 우리의 인식 방식을 선

험적으로 가능한 한 일반적으로 다루는 모든 인식을 초월적
이라고 부른다.(B25)

그러나 칸트는 대상에 대한 참된 인식의 근거를 초월철학
에서 찾는다. 칸트는 순수 지성 개념들을 내용으로 하는 철학
을 '고대의 초월철학'(B113)이라고 지칭한다. 칸트가 직접적
으로 영향을 받은 볼프(Chrisrian Wolff, 1679~1754)와 바움가르텐
(Baumgarten, 1717~1762) 역시 '초월적(transcendental)'에 대해 언급
한다.

카본치니의 볼프 해석에 따르면 '선험적' 개념은 무엇보다
도 먼저 '객체에 관한 새로운 고찰 방식'과 관계하고 있다는
것이다. 이 새로운 고찰 방식이란, 개별 경험에 대립된 인식의
'선험적인 일반성(die Allgemeinenheit des Apriori)'과 근거들(Prinzip)'[3]
에 관여한다. 볼프의 선험적 존재론은 경험을 넘어서 지성의
인식 방식과 관련한 것이지만 종래의 존재론적 관점에서 완전
히 벗어나지는 못했다. 따라서 칸트는 볼프를 비판적으로 수용
한 것으로 보아야 할 것이다.

칸트는 『순수이성비판』 서론에서 자신의 초월철학이 어떤

---

3 한국칸트학회, 『칸트와 그의 시대』, 철학과현실사, 1999, 30쪽.

의미인지 밝힌다. "대상들을 다루는 것이 아니라 대상들 일반에 대한 우리의 선험적 개념을 다루는 모든 인식을 초월적이라 부른다"(A12)고 밝혔다. 초월적 인식은 선험적 인식 가능성의 이론이다. 그런데 모든 선험적 인식이 초월적이라는 것을 의미하지는 않는다. 칸트에 따르면 수학과 자연과학도 선험적 인식이다. 칸트는 인식을 가능하게 하거나 인식을 선험적으로 사용하게 하는 그러한 인식을 초월적이라고 해야 한다고 분명히 밝힌다.(B80) 예를 들어 공간 표상의 경우, 그것은 초월적 표상이 아니다. 그 공간의 표상이 전혀 경험에 근원을 두고 있지 않다는 인식과, 그러면서도 그 표상들이 경험의 대상들과 선험적으로 관계 맺을 수 있다는 가능성만이 초월적이라는 것이 칸트의 해석이다.

초월적 인식은 '경험적이지 않은 원천을 가진다'는 것을 증명하며, 그리고 '그럼에도 그것들이 어떻게 선험적으로 경험의 대상들에 관계될 수 있는가의 가능성'을 보여준다. 따라서 전자에 의하면 칸트의 초월철학에서 경험적 전제들은 배제될 수밖에 없다. 다시 말해서 경험론의 전제들은 제외된다. 경험에 대한 비경험적 인식만이 초월적이다. 그리고 후자에 의하면 수학과 물리학은 초월철학에서 배제되는데 그 이유는 그것들이 선험적이기는 하지만 경험의 대상들에 관계되지는 않기 때문이다.

칸트에게 초월적 의미에서 논리학은 '진리의 논리학'(B87)이다. 일반적으로 논리학은 A 지역 까마귀가 검다, B 지역 까마귀가 검다, C 지역 까마귀가 검다, 그러므로 까마귀는 검다처럼 사실적 지식을 조사하고 그로부터 얻는 지식을 귀납적 지식이라고 하며 논리학으로는 귀납적 논리학이라고 한다. 모든 사람은 죽는다, 소크라테스는 사람이다, 그러므로 소크라테스는 죽는다와 같이 관계로부터 나오는 지식은 관계적 지식 또는 연역적 지식이라고 하며 논리학으로는 연역논리학이라고 한다. 그런데 칸트가 말하는 초월적 의미의 '진리의 논리학'이란 무엇을 말하는 것일까.

초월철학은 인식의 가능 근거를 밝히는 철학

칸트는 대상들이 직관에서 주어지는데 직관이 없으면 우리의 모든 인식에는 객관들이 결여되는 것이고, 그렇게 되면 공허한 것이 될 것이라고 한다. 따라서 순수 지성 인식의 요소들과 인식의 원리들을 서술하는 초월 논리학의 부문은 초월적 분석학이고 동시에 진리의 논리학이라고 부른다.(B87) 진리의 논리학이란 앞서 서술한 '표상과 대상 간의 관계의 근거'에 다름 아니다. 헤르츠에게 보낸 편지에서 아직 명확하지 않았던 초월철학의 단초가 『순수이성비판』에서 다음처럼 발전한다. 초월철학은 직관에서 주어진 대상들의 표상들과 순수 지성 인식의 요소와 그 원리들을 서술하는 논리학으로 발전했다. 『순수이성비판』은 대상에 대한 인식을 확장하는 것에 목표를 두지 않는다. 오히려 대상에 대한 인식의 가능 근거를 밝히는 것이 목표이다.

초월철학에서 말하는 우리의 표상은 경험 대상에서 얻으며 실제 세계에 대한 지식을 확장하는 종합적 인식이다. 이렇게 볼 때, '어떻게 표상이 대상에 관계할 수 있는가?'라는 물음은 곧 '어떻게 선험적 종합 인식이 가능한가?'라는 물음과 다르지 않다.

선험적 종합 판단은 무엇이고 왜 필요한가

칸트는 순수 이성의 본래적 과제는 "선험적 종합 판단은 어떻게 가능한가?"(B19)라는 물음 안에 들어 있다고 했다. 이 물음을 해명하는 것을 "형이상학자들의 십자가"(『프롤레고메나』, 29절)라고 했을 정도이다. '선험적 종합 판단은 어떻게 가능한가?' 역시 칸트 형이상학, 초월철학의 또 다른 표현이다. 칸트는 선험적 종합 판단을 통해 단순하게 사물을 분해하는 작업을 하려는 것이 아니라 경험과 독립하여 선험적이면서도 지식을 확장하는 형이상학적 판단을 하고자 한다. 예를 들어 "세계는 하나의 제일의 시초를 가져야 한다"(B18)는 명제처럼 주어를 분석해도 서술어의 개념이 나올 수 없고 명제를 통해 지식을 확장하는, 그러면서도 경험이 섞이지 않은 선험적인 판단을 하는 것이 칸트 형이상학의 목적이다. "형이상학은 목적상 순수한 선험적 종합 명제들로 이루어져 있다."(B18)

사실『순수이성비판』은 인간 인식의 구조를 밝히면서 선험적 종합 판단이 어떻게 가능한지를 밝히는 거대한 기획이다. 앞으로 칸트가 기획했던 감성과 지성의 한계와 범위를 밝히고 인간이 세계를 어떻게 인식할 수 있는가라는 칸트 인식론을 설명하기에 앞서, 간단하게『순수이성비판』서론에서 선험적 종합 판단이 무엇이고 왜 필요한지에 대한 칸트의 설명을 이야기해보려고 한다.

분석 판단과 종합 판단

(1) 선험적 판단, 후험적 판단

칸트는 경험에 원천을 둔 인식을 후험적(a posteriori)이라 하고 감관의 모든 인상과 독립해 있는 인식을 선험적(a priori)이라고 한다. 그리고 선험적인 인식 중에서 경험적인 것이 전혀 섞이지 않은 것을 '순수하다'고 한다.(B3) 가령 '동물'과 같은 개념은 우리가 경험하는 여러 동물들을 대상으로 하기 때문에 경험적 개념이다. 반면에 삼각형이나 원 같은 수학적 개념은 경험에서 완전히 독립한 순수한 선험적 개념이다.

순수한 인식은 필연적인 선험적 판단이며 경험적 인식은 엄밀한 보편성을 주지 못한다. 한 판단이 엄밀한 보편성을 갖는다고 생각된다면 "어떠한 예외도 가능한 것으로 인정하지 않는"(B4) 제한 없는 보편성을 가져야 한다.

칸트는 "철학은 모든 선험적 인식의 가능성과 원리들과 범위를 규정해주는 학문을 필요로 한다"(B6)고 했다. 칸트에게 선험적인 영역은 중요하다. 선험적 인식은 모든 가능한 경험들의 영역을 벗어나서 우리의 판단 범위를 경험의 한계 너머에까지 확장해나간다. 그러나 칸트의 인식이 그저 선험적이기만 해서도 안 된다. 경험적인 것을 만나지 못한 선험적인 인식은 세계에 대한 인식의 확장에 어떤 기여도 하지 못하기 때문이다. 따라서 선험적이면서도 선험적인 것을 넘어서는 영역을 확보할 필요가 있다. 이는 분석 판단과 종합 판단의 구분 속에서 더 정확하게 살펴볼 수 있다.

(2) 분석적 판단, 종합적 판단

앞에서 인식의 원천을 경험에 두느냐, 경험과 관계없는 이성에 두느냐에 따라 '선험적, 후험적' 인식으로 구분했다. 이제 "판단의 진리가 무엇에 근거해 결정되는가"라는 물음에 의해 '분석적, 종합적' 판단을 구분할 것이다.

칸트는 술어가 주어의 개념 속에 포함되어 있는 판단을 '분석적 판단'이라고 한다.(B10) 예를 들어 '모든 물체는 길이를 갖는다'는 명제는 분석 판단이다. 왜냐하면 '길이'라는 술어 개념에는 '물체'라는 주어 개념이 이미 포함되어 있기 때문이다. 이렇게 경험을 통하지 않고 분석할 수 있는 분석 판단은 '선험적'이며 '필연적'이다. 분석적 판단의 진리성에 대해서는 오직 주어 개념과 술어 개념 그리고 칸트가 모든 형식논리학의 원리로 본(B189) 모순율에 의해 결정된다. 즉 이 명제의 진리를 확인하려면 명제를 부정해보면 된다. '어떤 물체는 길이를 갖지 않는다'는 무조건 거짓 명제이다. 물체의 정의가 길이를 갖는 것이므로 길이를 갖지 않는 것은 물체가 될 수 없다.

분석 판단은 주어 개념 안에 술어가 포함되어 있기 때문에 동어반복이라고 할 수 있는 명제이다. '총각은 결혼하지 않은 남자이다' 혹은 '야생마는 길들이지 않은 말이다'는 동어반복이다. '모든 물체는 길이를 갖는다' 역시 마찬가지이다. 그러나 '모든 물체는 무겁다'라고 하면 '물체'라는 주어에 '무겁다'라는 개념이 포함되어 있지 않다. 또 '이 사과는 파랗다' 역시 '사과'라는 주어에 '파랗다'라는 개념이 포함되어 있지 않다. 이 명제들은 진리치를 확인하기 위해서 주어 개념의 분석에서 끝나서는 안 되고 경험적으로 확인해야 한다. 이러한 판단을 칸트는 종합 판단이라고 부른다. 주어 개념과 그 개념 바깥의 경험을 종합해야 사실을 확인할 수 있다는 뜻이다.

주어에 술어 개념이 포함되어 있는 분석 판단은 설명 판단이라고 하지만 종합 판단은 확장 판단이라고 한다. 다시 말하면 분석 판단은 "술어를 이용하여 주어 개념에 아무것도 덧붙이지 않고 주어 개념을 단지 분해하여 그 안에서 (모호하게나마) 이미 생각되었던 주어의 부분 개념들로 쪼개는 것인 데 반해", 종합 판단은 "주어 개념에다 주어 안에서는 전혀 생각할 수 없었던, 술어를 덧붙이는"(A7) 것이다.

"경험 판단들은 그 자체로 모두 종합적이다."(B11) 분석 판단을 하기 위해서는 경험의 증명이 필요없다. 선험적이고 필연적인 명제에 경험이 덧붙여질 이유가 없기 때문이다. 그런데 '모든 물체는 무겁다'와 같은 명제는 '물체는 연장적이다'와 같은 분석 판단과는 성질이 다르다. 왜냐하면 앞에서도 언급했지만 '모든 물체'에 '무겁다'라는 개념이 포함되어 있지 않기 때문에 경험적으로 확인해야 한다. '이 사과는 파랗다' 역시 '이 사과'라는 개념에 '파랗다'가 포함되어 있지 않기 때문에 경험을 통해 확인해야 진리치를 확인할 수 있다. 경험 판단들은 모두 종합적이다. 이 판단은 전적으로 경험에 의존하는 판단이므로 분석 판단의 경우와 같은 논리적 필연성은 없고 우연성만 있을 뿐이다. 그것이 아무리 최고의 개연성을 가진다고 할지라도, 거기에는 어떠한 논리적 필연성도 없다. 물체라는 개념에 경험적으로 무게라는 개념을 연결하여 종합적으로 덧붙이고 사과라는 개념에 경험적으로 파랗다라는 개념을 연결하여 덧붙인다. 종합 판단은 주어에서 주지 못하는 지식이 술어에서 확장된다.

그러나 선험적 종합 판단의 경우에는 분석 판단처럼 술어 개념을 분석해서 주어 개념을 확인해 진리치를 확인할 수도 없고 경험 판단처럼 경험을 통해서 진리치를 확인할 수도 없다. 선험적이려면 보편성과 필연성을 확보해야 하는데 경험을 통해 보편성과 필연성을 확보할 수는 없기 때문이다. 분석 판단과 종합 판단의 구분이 선험적 판단과 경험적 판단의 구분과 혼동되거나 잘못 연관지어져서는 안 된다. 분석 판단과 종합 판단의 구분은 판단 내용(대상 연관)에 따른 '인식 종류'상의 구분으로, 술어 개념이 주어 개념의 내용과 어떤 관계에 있는 가의 문제이다. 다시 말해서 술어 개념이 주어 개념을 설명(분석)하느냐 확장(종합)하느냐에 있는 문제이다. 반면에 선험적 판단과 경험적 판단의 구분은 '인식의 근원'에 따른 구분으로, 두 개념의 결합이 어디에 자리하는가, 즉 경험인가 경험에 앞선 선험적인 것인가의 문제이다.

칸트는 "수학의 판단들은 모두 종합적"(B15)이라고 한다. 또 수학적 명제들은 경험에서는 얻을 수 없는 필연성을 가지고 있으므로 항상 선험적 판단들이라고 한다. 따라서 수학의 판단들은 선험적 종합 판단이라는 것이 칸트의 주장이다. 자연 과학(물리학)의 경우에는 기본 명제들만 선험적, 종합적 특성을 갖는다. 칸트는 고전물리학의 요소를 예로 든다. '물체 세계의 모든 변화에서 물질의 양은 불변이다(질량 보존의 법칙)'와 '운동의 모든 전달에서 작용과 반작용은 항상 서로 같아야 한다(작용 반작용 법칙)'(B17) 등이 그것이다.

칸트는 '7+5=12'와 같은 명제를 선험적 종합 판단이라고 한다. 그런데 '7+5=12'를 처음에는 분석 판단으로 생각하기 쉽다. '7+5'를 분석하면 당연히 '12'가 나오므로 한눈에 보아도 분석 명제처럼 보인다. 그러나 칸트는 '7'과 '5'의 합이라는 개념이 '12'를 곧바로 가리키지는 않는다고 한다. 다시 말해서

· Concept Word ·

분석 판단, 종합 판단

술어가 주어의 개념 속에 포함되어 있는 판단을 '분석적 판단'이라고 한다. 예를 들어 '총각은 결혼하지 않은 미혼 남자다'는 명제는 분석판단이다. 왜냐하면 '총각'이라는 주어에 '결혼하지 않은 미혼 남자'라는 술어가 이미 포함되어 있기 때문이다. 반면에 주어 개념에 술어가 포함되어 있지 않은 판단을 '종합 판단'이라고 한다. 예를 들어 '모든 물체는 무겁다'는 명제는 종합 판단이다. 왜냐하면 '모든 물체'라는 주어에 '무겁다'는 개념이 포함되어 있지 않기 때문이다.

'7+5'는 두 수를 하나의 수로 통일한다는 것뿐이지 그 통일된 수가 무엇인지는 알 수가 없다는 것이다. 정말 그럴까? 아무리 셈에 느려도 그렇지 너무 과한 설정 아닌가 싶다. 하지만 '749 ×978'이라든가 '842÷356' 같은 경우엔 그 답이 분석적으로 보이지 않는다. 답을 구하려면 직접 계산해야 한다. 비록 수는 선험적일지라도 계산은 종합적일 수밖에 없다. 따라서 수학은 선험적 종합 판단이다.

다음으로 칸트는 순수 기하학의 원칙도 분석적이지 않고 종합적이라고 한다. 칸트는 '직선은 두 점 사이의 가장 짧은 선이다'(B16)는 종합 명제라고 한다. 기하학적 판단은 절대 경험적이지 않다. 경험적이지 않은 판단이지만 종합 판단이라는 점은 금방 와닿지 않는다. 칸트는 직선이라는 주어 안에는 '곧음'

이라는 질적 특성은 포함되어 있지만 '가장 짧은'이라는 양적 특성은 포함되어 있지 않다고 말한다. 다시 말하면 '직선'은 질적 특성이지 양적 특성을 포함하고 있지 않다. 따라서 주어 개념 안에 포함되어 있지 않은 개념을 획득하기 위해서 주어 개념 밖으로 나가는 확장의 작업을 한 것이고 이 명제 역시 선험적 종합 판단이다.

칸트는 "형이상학에는 선험적 종합 인식들이 포함되어 있어야만 한다"(B18)고 보았다. 왜냐하면 형이상학에서 선험적 종합 명제가 가능해야만 철학에서 보편성이 마련되기 때문이다. 칸트는 "형이상학에서 문제가 되는 것은 우리 자신이 사물에 관하여 만든 개념들을 분해하고 그것을 가지고 분석적으로 해명하는 일이 아니고, 오히려 우리가 우리의 선험적 인식을 확장하려 한다는 것"(B18)이라고 했다.

그런데 형이상학의 이러한 확장의 노력은 "경험 자체가 뒤쫓아올 수 없을 만큼 멀리까지 넘어가야 한다"(B18)는 것이 칸트의 생각이다. 예를 들어 '세계는 하나의 제일의 시초를 가져야 한다'는 명제의 경우, '세계'라는 개념 안에 '제일의 시초'라는 개념은 포함되어 있지 않다. 따라서 이 두 개념을 종합해 형이상학적 명제로 만들기 위해서는 경험이 우리를 뒤따라올 수 없을 만큼 멀리 나아가야 하는 것이다. '세계의 시초'라는 말에

선험적 종합 판단

종합 판단은 대부분 경험적이다. 그러나 칸트는 선험적 종합 판단이 가능한지 묻고 있다. 칸트 철학의 핵심이기도 하다. 경험으로 확인도 해야 하고 선험적이기도 해야 하는 판단이 선험적 종합 판단이다. 얼핏 보면 모순 같아 보이는 판단이다. 그러나 이 질문을 통해 칸트는 경험론과 합리론을 종합하는 기획을 완성하려 했다. 경험 재료들을 인간의 선험적 인식 틀로 어떻게 인식할 수 있는지 묻는 질문이 바로 '선험적 종합 판단'의 문제이다. 다시 말하면 감각적 경험들은 그 자체는 혼란할 뿐이다. 이것을 인간의 선험적 인식의 틀로 정렬해야 인식이 완성된다. 그것이 바로 선험적 종합 판단이다.

는 형이상학적 특징이 잘 표현되어 있다. 형이상학의 가능성 자체는 선험성과 종합성에 달려 있다. 칸트는 "형이상학은 적어도 그 목적상 선험적 종합 명제들로 이루어져 있다"(B18)고 밝힌다.

순수 이성의 본래적 과제

순수 이성의 본래적 과제는 '선험적 종합 판단은 어떻게 가능한가?'라는 물음을 충분히 규정하는 일이다. 칸트는 형이상학이 이제까지 "불확실성과 모순의 상태에 머물러 있는 이유는 이 과제와 함께 분석 판단과 종합 판단의 구별조차"(B19) 생각하지 못했기 때문이라고 한다. 따라서 '선험적 종합 판단은 어떻게 가능한가?'라는 물음이야말로 순수 이성의 본래적 과제이다.

칸트는 형이상학의 성패가 이 물음을 입증하느냐 하지 못하느냐에 달려 있다고 보았다. 합리론의 독단론적 잠에 빠져 있던 칸트를 일깨운 건 흄이었다. 흄은 인과율이란 필연적인 것이 아니라 우리가 아직 경험하지 못했던 것들을 경험했던 것들과 비슷하리라고 상상하는 경향 때문에 갖는 신조라고 설명한다. 가령 '사람은 나이가 들면 죽는다'는 관념은 누구나 필연적이라고 여기지만 지금까지 우리는 지구에 살았던 모든 사람이 죽는 모습을 지켜보지는 않았다. 단지 사람들이 모두 죽었을 것이라는 추측 혹은 상상력의 작용으로 그렇게 생각할 뿐이다. 흄은 인과율의 보편성이 단지 우리의 신념일 뿐이라는 사실을 일깨워주었다.

다시 돌아가서, 형이상학의 성패가 걸린 '선험적 종합 판단은 가능한가?'의 문제에서 선험적 인식의 보편성을 확보할 수 없다면 형이상학의 존립 근거는 사라진다. 그런데 흄은 형이상학의 보편성이란 실제로는 "순전히 경험에서 빌려온 것으로 습관에 의해 필연성의 겉모습을 손에 넣은 것에 대한 잘못된 이성 통찰의 순전한 망상"(B20)이라고 비판한다. 흄이 인과성은 습관이지 보편이 아니라고 한 것에 대해 칸트가 인정했다면 그는 이 보편성을 어디에서 찾으려고 했던 것일까. 칸트는 보편성을 바로 선험적 종합 판단을 통해서 증명하려고 하는 것이다.

수학과 자연과학은 객관적 타당성을 경험으로부터 독립적인 요소들에 의존하기 때문에 선험적 종합 판단의 가능성에 대한 『순수이성비판』의 근본 물음은 먼저 두 가지 물음으로 구분된다. (1) 어떻게 순수 수학이 가능한가? (2) 어떻게 순수 자연과학이 가능한가? 그리고 여기에 (3) 어떻게 학문으로서 형이상학이 가능한가? 하는 것이 최종적 물음으로 제기된다. 칸트는 앞의 두 가지 물음에 대해서 초월적 감성론과 초월적 분석론에서 대답한다. 따라서 『순수이성비판』의 첫 번째 부분은 수학과 자연과학의 이론을 제공하되, 경험적, 분석적 이론이 아니라 이성 비판적 이론을 제시한다. 칸트는 유독 역사학, 문학은 고려 대상에서 제외하고 수학, 자연과학을 이용하는데 그 이유는 수학, 자연과학만이 필연적인 '진정한 학문'에 속한다고 생각할 만큼 학문에 대해 엄격했기 때문이다. 칸트는 『순수이성비판』에서 모든 가상의 세계 또는 주관적인 세계에 대립시켜 우리가 객관적이라고 부르는 실재적인 세계는 수

학의 세계 그리고 수학적 자연과학의 세계와 일치한다고 주장
한다.

초월적 방법으로 선험적인 영역을 다루는 칸트의 형이상학

칸트는 코페르니쿠스적 전회를 통해 인식의 중심을 대상에서 주관으로 옮겨왔다. 칸트는 대상과의 일치를 기다리는 수동적인 주관이 아니라, 대상을 받아들이는 순간부터 활동을 시작하고 구성하고 종합하는 활동적 주관을 설정한다. 이제 철학에서 중요한 것은 대상이 어떠한가가 아니라 경험적 질료에 대해 우리의 주관이 어떻게 받아들이고 정리하는가이다. 이제 칸트 형이상학에서 중요한 것은 감각 질료를 재료로 하여 대상을 구성하는 주관의 선험적 능력이 무엇인가이다. 바로 이것이 칸트의 '초월적(transzendental) 방법'이다. 대상들을 탐구하던 종래의 형이상학적 방법에서 벗어나 대상들을 인식하는 우리의 선험적 조건을 탐구하는 것이 형이상학에서 중요한 문제가 되었다. 칸트는 "대상들에 대한 우리의 인식 방식이 선험적으로 가능한 한에서 일반적으로 다루는 모든 인식을 초월적이라고 부르며 그러한 개념들의 체계는 초월-철학이라 부른다"(B25)고 한다.

칸트의 초월철학은 선험적인 영역을 다룬다. 『순수이성비판』은 인간이 무엇을 어떻게 알 수 있는지에 관한 인식론이다. 칸트는 '인식의 두 줄기'로 '감성과 지성'을 설정한다. 감성을 통해 우리에게 대상이 주어지고, 지성을 통해 사고된다. 이 인식의 두 줄기에 선험적인 근거가 있다면 초월철학이 되는 것이다. "이제 감성은 우리에게 대상들이 주어지는 조건을 이루는 선험적 표상들을 함유하는 한에서, 초월철학에 속한다"(B30)고 한다. 앞으로 감성의 선험적 조건들이 무엇인지에 대해 살펴보면서 칸트가 어떻게 초월철학을 완성해나가는지 따라가볼 것이다.

나는 어떻게 세계를 인식할 수 있을까

어릴 적 여름방학에 시골에 가면 곤충들을 잡아서 놀고는 했다. 잠자리는 물론이고 풍뎅이, 딱정벌레, 여치, 방아깨비 등 등. 곤충들을 잡아서 유독 유심히 관찰했던 건 그들의 눈이었 다. 어쩌면 그리도 이상하게 생겼던지. 중학교 생물 시간에 배 웠지만, 눈의 모양이 다른 그 곤충들은 인간이 사물을 보는 것 과는 다르게 보는 것이 분명했다. 그렇다면 내가 보는 꽃과 곤 충들이 보는 꽃 중 어떤 꽃이 진짜일까? 내가 보는 꽃이 진짜 모습이라고 한다면 인간중심주의적 시각일 것이다.

(1) 감성의 한계와 조건

감성(Sinnlichkeit, Power of Sensation)이란 자극을 통해 대상을 감각하는 능력을 말한다. 모든 동물들이 갖는 감각 능력에는 각각 특징이 있을 것이지만 그만큼 한계도 있을 것이다. 인간 역시 감각 능력에 한계가 있다. 인간은 20~20,000헤르츠 범위의 소리를 듣지만 코끼리는 14~16헤르츠의 소리를 들을 수 있고 어떤 고래들은 7헤르츠의 소리를 듣는다. 인간이 세계를 어떻게 인식할 수 있는지 알기 위해서는 인간 자신이 어떤 능력을 가지고 있는지 확인하는 작업이 필요하다. 인간의 인식 능력은 크게 감각 능력인 감성과 사고 능력인 이성으로 구분할 수 있으며 이들의 한계와 조건을 따져보아야 인식 능력의 한계를 알 수가 있을 것이다.

(2) 경험적 직관

어릴 적 기억은 평생 간다. 잠자리를 잡아서 유독 눈을 들여다보며 이상하고 신비하게 바라보던 기억. 손에서 놓아주었을 때 푸르륵거리던 날갯짓의 떨림(촉각)과 빛나는 날개(시각), 그리고 주변 외양간의 냄새(후각)까지. 마치 영화의 한 장면처럼 잊을 수가 없다. 잠자리와 함께 촉발되었던 다양한 감각적인 인상은 표상이다. 잠자리라는 대상으로부터 촉발되는 방식으로 표상을 얻는 능력을 감성이라고 한다. 그러므로 감성은 기본적으로 수용성을 갖는다. 이렇게 지각에 의해 대상들이 감성적으로 주어지는 것을 칸트는 직관이라고 부른다. 직관은 개념들이 작용하기 전의 표상이다. 뜨거운 물체를 만지거나 정체 모를 무언가와 맞닥뜨렸을 때, 개념적으로 파악하기도 전에 반응하듯이 아직 지성이 활동하기 전에 우리 감성에 주어지는 질료들이 직관이다.

"어떤 방식으로, 어떤 수단에 의해 언제나 인식이 대상들과 관계를 맺든지 간에, 그로 인해 인식이 직접 대상들과 관계를 맺는 것은, 또 모든 사고가 수단으로 목표하는 것은 직관이다."(B33) 칸트는 대상이 주어지고, 또 마음을 어떤 방식으로든 촉발할 때 직관이 생긴다고 하기 때문에 직관은 경험적 직관이다. 경험적 직관은 감성으로 하여금 표상을 얻게 한다. 감성만이 우리에게 직관을 제공한다. 이 모든 상황은 순간적으로 일어나는 일이지만 경험 대상을 직관이 순간적으로 포착하고 감성이 이를 수용하는 과정을 통해 세계는 우리 안에 들어올

준비를 한다. 아직 인식은 생기지 않았다. 감성을 통해 수용된 직관은 지성에 의해 사고되며 지성으로부터 개념이 생겨난다. 그러나 중요한 것은 "일체의 사고는 직접적으로든 아니면 간접적으로든 어떤 징표들을 매개로 결국은 직관들, 즉 감성들과 관계 맺는다. 왜냐하면 우리에게 다른 방식으로는 어떤 대상도 주어질 수 없으니 말이다."(B33) 인식을 위한 첫 단계는 경험적 직관으로 주어진 대상들을 감성으로 수용하는 일이다.

그런데 경험적 직관은 분명히 여러 대상들과 관계하고 있기는 하지만 아직 그것이 정확히 어떤 것인지 규정할 수 없는 상태에 놓여 있다. 칸트는 이를 '현상'(B34)이라고 부른다. 또한 칸트는 그것을 "경험적 직관의 무규정적 대상"(B34)이라고 한다. 현상이 아직 개념적으로 규정되지 않은 대상 쪽에서 포착한 용어라면, 그 대상이 우리 감각 쪽에서 파악되는 측면은 '질료'이다. 칸트는 "현상에서 감각에 대응하는 것을 그것의 질료"(B34)라고 부른다.

잠자리 이야기로 돌아가보자. 잠자리를 잡아서 매혹적인 눈에 사로잡히고 그 다음 날개의 부르르 떨리는 촉감을 느끼며 순간 코로 훅 치고 들어오는 외양간의 냄새를 맡은 것은 잡다한 현상들이다. 이 잡다한 현상들이 일정한 관계를 맺고 나에게 다가오는데 그것은 우리가 가지고 있는 어떤 '형식'이 있기 때문에 가능하다. 칸트는 "잡다한 현상들이 일정한 관계에서 질서지어질 수 있도록 만드는 것을 나는 현상의 형식이라고 부른다"(B34)라고 한다. 감각들이 질서지어진다면 그 질서는 감각 자신에 의해서 질서지어질 수는 없는 것이다. 칸트에게 감각 말고 그런 감각적 질료(현상)를 질서짓는 형식은 시간과 공간이다.

(3) 직관의 순수 형식으로서 공간과 시간

잠자리의 매혹적인 눈, 부르르 떠는 날갯짓, 외양간 냄새 등 현상의 질료는 후험적으로(경험적으로) 주어지지만 그 질료를 틀짓는 형식은 "모두 마음에 선험적으로 준비되어 있어야 하고, 따라서 모든 감각과 분리해서 고찰될 수 있어야"(B34) 한다. 그렇다면 우리가 뭔가를 지각할 때는 지금까지 두 가지가 필요하다고 말할 수 있다. 감각적 질료가 먼저 있어야겠고 그 다음으로 선험적 형식이 있어야 한다. 칸트는 "감각에 속하는 것과 전혀 마주치지 않은 그런 모든 표상을 (초월적 의미에서) 순수하다"(B34)라고 부른다. 따라서 질료를 틀짓는 감성의 형식인 시간과 공간은 '순수 직관'이다.

칸트는 시간과 공간 이외에도 순수 직관이 있다고 한다. 잠자리에 대한 표상에서 우리 감각에 속하는 것을 제외하면, 가령 잠자리의 오묘한 눈, 부드러운 날개 등 경험적인 것을 제외하면 순수한 것만 남을 것이다. 칸트는 "불가투입성, 단단함, 색깔 따위를 분리해내면", "연장성, 형태"가 남는다고 하며 "이것들은 선험적으로 감관 내지는 감각의 실재 대상이 없이도 감성의 순전한 형식으로 마음에서 생기는 순수 직관에 속하는 것"(B35)이라고 했다. 그리고 이런 것들은 기본적으로 공간이라는 직관 형식 안에 있는 것이기도 하다.

(4) 초월적 감성학

앞서 경험 대상과 관계하는 직관과 감성, 또 감각적 질료들을 정리하는 시간과 공간과 같은 선험적 형식을 다루었다. 시간과 공간은 분명히 현상학적 차원, 즉 대상들의 차원에 있지 않다. 칸트는 "대상들이 아니라 대상들 일반에 대한 우리의 선험적 개념을 다루는 모든 인식을 초월적"(A12)이라고 불렀다. 따라서 시간과 공간이라는 직관 형식이 감각적 질료들의 질서를 가능하게 하는 선험적 원리로 작용하고 있으므로 칸트는 "모든 선험적 감성 원리들에 대한 학문을 초월적 감성학(aesthetic)"이라고 부른다. 감성학이 바움가르텐에 의해 '미학'

으로 쓰였고 칸트 역시 『판단력비판』에서 '미적'이라는 의미로 쓰지만 원래 그리스어로는 '무언가를 지각하다'라는 어원을 가지고 있다. 의미적으로 보아도 『순수이성비판』에서는 '감성학'이 맞다.

이제 칸트는 지성이 그의 개념들을 가지고 사고하는 모든 것을 분리해냄으로써 감성을 격리하려고 한다. 왜냐하면 "경험적 직관 이외에 어느 것도 남기지 않기 위해서"(B36)이다. 그렇게 되면 "감성이 선험적으로 제공할 수 있는 유일한 것인 순수 직관과 현상들의 순전한 형식 이외에는 아무것도"(B36) 남지 않는다. 그것이 바로 공간과 시간이다.

(5) 초월적 감성학에서 순수 직관의 형식: 공간과 시간

우리는 공간이라고 하면 경험적으로 무엇인가를 담을 수 있는 장소로서의 행위 공간과 심리학, 예술, 문학 등의 체험 공간 혹은 정서 공간을 떠올린다. 시간 역시 무엇인가를 행위하면서 흐르는 시간이나 체험 시간을 떠올린다. 그러나 칸트에게 초월적 감성론에서 공간과 시간은 경험으로부터 추출된 개념이 아니고 경험과 독립한 개념이다.

공간과 시간은 다른 두 형식으로 우리와 관계를 맺는다. 공간은 오감 즉, 청각, 시각, 미각, 후각, 촉각의 인상을 매개하는 외감의 직관 형식이다. 반면에 시간은 그것의 표상과 경향, 느낌과 정서를 갖는 내감에 속한다. 다시 말해서 우리가 대상을 감각할 때, 순수 직관 형식으로서 공간은 외적 감각에 표상되는 것을 담는 형식이고, 시간은 내적 감각에 표상되는 것을 담는 형식이다.

순수 직관으로서의 공간과 시간은 위아래로, 혹은 서로 연달아 등의 '관계'를 표상한다. 동시에 공간적, 시간적 규정에 의해 대상은 직관하는 우리 주관과 '관계'를 맺는다. 공간과 시간은 형식이며 사물이 우리에 대해서 존재하는 방식이다.

(6) 순수 직관으로서 공간

1) "공간은 외적 경험들로부터 추출된 경험적 개념이 아니다."(B38) 외적 경험이란 사물들과의 관계를 의미한다. 그런데 외적 경험이 가능하려면 어떤 사물이 우리 바깥에 있는 것으로 경험되어야 하고, 이는 어떤 사물이 "한낱 다른 것이 아니라, 다른 장소에 있는 것으로 표상"(B38)되어야 하는데 그러기 위해서는 "이미 기초에 공간이라는 표상이 놓여 있어야"(B38)한다. 공간이라는 개념이 없다면 경험 자체가 불가능하다는 것

이다. 다시 말해서 공간은 경험이 가능하기 위해 전제된 선험적인 '표상'(B38)이지 경험에서 비롯된 '개념'은 아니다.

2) "공간상에서 어떠한 대상들과도 마주치지 않는 것은 충분히 생각할 수 있어도, 공간이 없다는 것은 결코 표상할 수 없다."(B39) 비교적 평범하게 이해하기 쉬운 이 문장은 우리가 쉽게 상상할 수 있을 것이다. 아무것도 없는 텅 빈 공간은 충분히 상상할 수 있으나 공간이 없는 사물이나 공간 자체의 부재는 인간의 상상력으로는 그릴 수 없는 그림이다. 따라서 공간은 현상들을 가능하게 하는 조건이지 현상들에 종속된 규정이 아니다. 또한 공간은 "외적 현상들의 기초에 반드시 놓여 있는 선험적인 표상"(B39)인데 그 이유는 공간은 경험이 가능하기 위해 미리 주어져 있어야 하는 것이지만 그 자체를 경험할 수는 없기 때문이다.

3) "공간은 (……) 사물들 일반의 관계들에 대한 보편적인 개념이 아니라, 순수한 직관이다."(B39) 공간이 개념이라고 한다면 개별적인 개체들을 추상화해낸 것이어야 한다. 예를 들어 손목시계, 벽시계, 탁상시계, 괘종시계 등은 크기나 모양이 다르지만 '시계'라는 일반적 개념으로 추상화할 수 있다. 시계라는 개념 안에는 '초침', '분침' 등 여러 속성(내포)이 포함되어 있고, 손목시계, 벽시계, 탁상시계, 괘종시계 등 여러 종류(외연)

로 나누어진다. 우리는 개념을 통해 일반화와 추상화의 과정을 진행할 수 있다. 모든 개념은 일반화와 추상화의 결과이며, 그 개념에 속하는 여러 사례들로 구성되어 있다는 것을 특징으로 한다.

개념은 그 안에 여러 부분들이 포함되어 있다. 그렇다면 공간이 개념이라면 그 안에 여러 부분들이 있어야 할 텐데 칸트는 "우리가 많은 공간들에 대해서 얘기할 때, 우리는 거기에서 오직 단 하나의 동일한 공간의 부분들을 의미할 뿐이다. (……) 공간은 본질적으로 하나이다."(B39) 여기에서 '부분들'이란 결코 구성 부분들이 아니다. 여러 공간을 구성 부분으로 갖는 하나의 공간은 없다.

4) "공간은 무한히 주어진 양으로 표상된다. (……) 어떤 개념도 그 자체로서 무한하게 많은 양의 표상을 자기 안에 포함하고 있는 듯 생각할 수는 없다."(B40) 시계라는 개념의 속성에는 '시침', '분침', '시각' 등의 속성이 포함될 수는 있지만 '인류애', '애국심' 등의 속성이 포함될 수는 없다. 공간이 자기 아래 모든 것들을 포함하는 이유는 "무한하게 나누어지는 공간의 모든 부분들은 동시다발적인 것"(B40)이기 때문이다. 따라서 공간이라는 근원적 표상은 선험적 직관이며 개념이 아니다.

이렇게 볼 때 공간은 개념이 아니라 선험적 직관이다.

(7) 순수 직관으로서 시간

순수 직관으로서의 시간 역시 순수 직관으로서의 공간과 비슷하게 전개된다.

1) 시간은 "어떤 경험으로부터 추출된 경험적 개념"(B46)이 아니다. 어떤 사건 A, B가 동시에 일어났는지 순차적으로 일어났는지는 시간이 전제되어야만 표상할 수 있다.

2) 시간은 "모든 직관의 기초에 놓여 있는 필연적인 표상"(B46)이다. 우리는 시간 속에서 우리가 경험하는 현상들을 완전히 제거할 수는 있어도 시간 자체를 제거할 수는 없다. 어떤 현상이 있다면 그것은 이미 시간 안에 놓인 현상이라는 의미가 된다. 따라서 시간은 선험적으로 주어진 것이다. 우리가 시간 없이 무엇을 상상할 수 있을까?

3) 시간은 "보편적 개념이 아니라 감성적 직관의 순수 형식"(B47)이다. 칸트는 공간과 마찬가지로 시간을 설명하고 있다. 시간이 보편적 개념이라면 시간은 서로 다른 시간들을 일반화해야 추출되는 것이고 그렇다면 순수 직관이 아닐 것이다.

앞서 잠깐 언급한 영화 〈컨택트〉(2017)에서 외계인과 주인공은 전혀 다른 언어 체계로 의사소통을 하지 못하고 위기를 맞는다. 나중에 밝혀진 사실이지만 외계인의 언어 구조에서 시간은 지구에서처럼 과거, 현재, 미래라는 순차적 진행을 갖지 않고 모든 시간대를 동시에 인지한다. 때문에 어떤 일을 시작할 때 이미 결과를 알게 된다는 내용이 영화 메시지였다. 인간은 시간의 동시성을 경험해본 적이 없기 때문에 당연히 영화의 내용은 쉽지 않았다. 작가들은 천재가 아닌가 싶다. 칸트가 영화를 보았다면 어떤 평가를 했을지 모르지만 상상해볼 수는 있을 것 같다. 아마도 '풍부한 상상력의 소산이지만 순수 직관으로서의 시간 표상은 여전히 유효하다'고 하지 않았을까 싶다. 영화에서 외계인의 시간은 과거, 현재, 미래가 동시적일지라도, 시간은 필연적으로 전제되어 있다. 이것은 어느 누구도 거부할 수 없는 필연적 표상인 것이다.

4) "시간의 모든 일정한 크기는 기초에 놓여 있는 무한한 시간의 제한으로써만 가능하다."(B47) 시간의 일정한 크기, 가령 1시간이라는 크기는 무제한적으로 주어진 시간을 제한해야 얻을 수 있다. 그러나 개념은 제한을 통해서 얻어지는 것이 아니다. 예를 들어 식물이라는 개념은 생물이라는 개념을 제한해서 얻는 것이 아니다. 생물 중에서 '대체로 이동력이 없고 엽록소를 가지고 광합성을 하는'이라는 부분을 공유하는 그룹을 형성할 때만 그 개념을 얻을 수 있다. 따라서 공통성의 형성이 아니라 크기의 제한을 통해서만 일정하게 표상될 수 있는 것

은 개념이 아니라 직관이다.

(8) 시간 공간 개념에 대한 초월적 해설

앞에서 우리는 칸트가 시간과 공간이 직관이자 선험적 표상이라고 한 사실을 따라왔다. 이로부터 공간에 있어서는 기하학의 가능성을, 시간에 있어서는 변화와 운동 가능성을 설명할수 있다. 칸트는 "한 개념을 그로부터 다른 선험적 종합 인식의 가능성이 통찰될 수 있는 원리로 설명하는 것"(B41)을 초월적 해설이라고 하는데 여기서도 마찬가지이다.

기하학은 공간의 속성들을 종합적이고 선험적으로 규정하는 학문이다. 먼저 '직선은 두 점 사이의 가장 짧은 선이다'라는 명제에서 나타나듯이 종합적이다. 직선이라는 질적인 개념에 '짧음'이라는 양적인 속성을 종합한 것이기 때문이다. 다시 말해서 직선이라는 개념 안에는 '짧음'이라는 속성이 도출되지 않는다. 주어가 서술어를 확장한 명제이기 때문에 종합적이다. 그리고 기하학은 '공간은 3차원을 갖는다'처럼 명증적 필연성을 갖는다. 이런 명제들은 경험 판단들일 수도 없고 경험들로부터 나올 수도 없는 선험성의 영역이다. 이러한 기하학이 성립하기 위해서는 직관이자 선험적인 것으로서, 외감 일반의 형식으로서, 공간이 선행되어야 한다.

정리하면 만약 공간이 주관과 별개로 독립적인 실체이거나 사물들과의 관계 속에 있는 개념이라면 기하학을 위한 선험성의 조건이 확보되지 않을 것이다. 선험적 종합 인식으로서의 기하학의 가능성을 설명하는 것이 칸트의 공간론이다. 공간에 대한 초월적 해명은 결국 공간에 대한 기하학적 가능성을 철학적으로 해명하는 것이다.

시간 역시 다르지 않다. "오직 시간상에서만 두 모순 대립적인 규정들이 한 사물 안에서, 곧 연속적으로 마주칠 수 있는 것"(B49)이다. 무슨 이야기일까? '한 사물이 어떤 장소에 있으면서 있지 않음'을 이야기하는 것인데 언뜻 이해가 가지 않는다. 그러나 변화와 운동이 들어가면 가능한 명제이다. 시간이 개입하면 동일한 장소에 있는 사물도 동일한 사물이 아니다. 따라서 칸트의 시간 개념은 일반 운동 이론이 서술하는 많은 선험적 종합 인식의 가능성을 설명해주는 철학적 기초가 된다.

인식의 둘째 단계: 지성의 능력과 한계

(1) 인식의 두 원천, 감성과 지성

우리가 무엇인가를 안다고 할 때, 즉각적으로 보자마자 알수는 없다. 신적 직관을 가지고 있다면 대상의 본질을 추론 없이 꿰뚫어보겠지만 그건 인간에게 허락되지 않는 능력이다. 물론 간혹 신적 능력을 받았다고 하는 영매들이 사람들을 보자마자 그 사람의 과거 현재 미래까지 줄줄 이야기하는 걸 보지만 그건 믿거나 말거나의 영역 아니겠는가.

인식이라는 것이 성립하기 위해서는 우선 주관과 객관이 구분되어야 한다. 칸트는 주관과 독립하여 그 자체로 존재하는 객관을 '사물 자체(Ding an sich)'라고 불렀다. 또한 이 사물 자체는 알 수가 없고 자신에게 비춰지는 '현상'만을 알 뿐이라고 하였다.

주관은 외적 대상으로부터 일정한 정보를 수용해야 하고, 그 후에 그 정보를 통해서 대상이 무엇인지 사고한다. 외적 대상이 익숙한 것이라면 거의 동시적으로 이러한 정보 파악이 일어날 것이나 처음 보는 것이라면 시간이 걸릴 것이다. 우리는 전자를 '감성'이라고 부르고 후자를 '지성'이라고 부른다.

감성은 "우리의 마음이 어떤 방식에 의해 촉발되는 한에서 표상을 받아들이는 마음의 수용성"(B75)이고, 지성은 "표상을 스스로 산출하는 능력, 즉 인식의 자발성"(B75)을 말한다. 직관은 대상에 의해 촉발되는 방식만을 갖기 때문에 감성적이다. 하지만 "감성적 직관이 대상을 사고하는 능력은 지성"(B75)이다. 그런데 칸트는 이 성질들 중 어느 것도 다른 것에 우선할 수 없다고 한다. 이는 칸트가 경험론과 합리론을 모두 수용하고 있다는 것을 강조하는 표현이다.

칸트 철학이 초월철학인 이유는 대상에 대한 인식의 가능 근거를 묻기 때문이다. 따라서 감성의 조건에 시간과 공간이라는 선험적 형식이 있었다면, 지성의 조건에는 범주라는 선험적 개념 형식들이 있다. 범주는 이후 '분석학' 부분에서 더 자세히 다룰 것이다. 칸트에게 감성을 다루는 '감성학'과 지성을 다루는 '논리학'은 철저히 구분되어야 한다. 감성은 지성으로 환원될 수 없고, 지성도 감성으로 환원될 수 없다. 앞서 밝힌 것처럼 칸트는 경험론과 합리론을 종합한 철학자다. 감성을 지성으로 환원했을 때 독단적인 합리론이 등장했고, 지성을 감성으로 환원했을 때 회의주의적 경험론이 등장했던 것을 누구보다 잘 알고 있다. 지성과 감성 각각의 영역을 역할에 맞게 두면서 인식의 가능성을 탐구하는 것이 칸트의 초월철학이다.

(2) 초월논리학이란

감성의 규칙을 다루는 학문이 감성학이라면 사고 일반의 규칙을 다루는 학문은 논리학이다. 다시 말해서 일반 논리학은 인식의 내용과는 관계없는 사고 일반의 형식만을 고찰한다. 형식 논리학은 'S는 P이다'라는 형식의 명제, 즉 정언판단을 기본적인 명제로 한다. S는 주어, P는 술어를 나타낸다. 칸트의 일반 논리학은 형식 논리학과 같이 내용과 관계하지 않고 '인식들 서로간에 생기는 관계 속에서의 논리적인 형식'만을 다룬다. 따라서 일반 논리학은 대상을 순수하게 사고하는 것에 관한 규칙을 포함하기 때문에 경험적 내용에 관한 인식을 다룰 수 없다.

그런데 칸트는 일반 논리학과 초월적 논리학을 구분한다. 일반 논리학은 사고의 규칙을 다루기 때문에 지식의 내용을 확장하지는 못한다. 칸트는 자연과학에 관심이 많은 철학자였다. 일반 논리학은 주어의 개념에 술어의 개념이 포함되어 있는 분석명제이기 때문에 지식을 확장하지 못한다. 가령 '총각은 미혼 남자이다'에서처럼 '총각'이라는 주어에 '미혼 남자'라는 의미가 포함되어 있으므로 '총각은 미혼 남자이다'라는 명제는 지식의 확장을 주지 못한다. 지식의 확장을 주는 명제는 분석명제이다. '모든 물체는 낙하한다'라는 명제에서 주어인 '모든 물체' 안에 '낙하한다'라는 의미가 포함되어 있지 않다. 따라서 이 명제는 지식의 확장을 주는 종합명제이다. 칸트는 일반 논리학에서는 따지지 않았던 인식 내용을 묻는 논리학, 종합명제의 타당성을 따지기 위해서 초월논리학을 기획했다.

칸트가 경험적이지 않고 선험적인 인식을 중요하게 여겼다 하더라도 선험적인 것만으로 모든 인식의 문제가 해소되지는 않는다. 이것이 바로 '초월적인' 방법이다. "선험적인 모든 인식이 아니라, 단지 그것들에 의해 어떤 표상들이 (직관이든 개념이든) 오직 선험적으로 적용되거나 선험적으로 가능하다는 사실과, 그리고 우리가 어떻게 해서 그러한가를 인식하는, 그런 선험적 인식을 초월적이라고 말해야 한다는 것이다."(B80)

선험적인 것과 초월적인 것에 대해서는 앞에서도 다루었지만 선험적인 것이 곧 초월적인 것은 아니다. 우리가 공간이라는 표상이 경험에 근원을 두지 않는다는 인식과 그러면서도 이 표상이 경험 대상들과 선험적으로 관계 맺을 수 있다는 가능성을 다룰 때 초월적이라고 부른다. 공간이라는 표상을 감관의 대상으로 사용하면 경험적이라 부른다. 선험적인 영역과 경험적인 영역을 구분하면서, 경험적인 것의 가능성이 선험성에 있다는 사실을 파악할 수 있을 때만 초월적인 것은 성립한다.

정리하면 초월적 논리학은 선험적으로 대상들과 관계 맺는 '개념들'이 있을 것이라고 기대하면서, 순수한 직관도 아니고 경험적 직관도 아닌, 순수 사고의 작용들의 범위와 근원과 타당성을 따지는 학문이라고 할 수 있다.

(3) 초월적 분석학과 초월적 변증학

초월적 논리학은 초월적 감성학에서 그렇게 했듯이 오직 지성을 대상으로 한다. 그러나 지성이라는 순수 사고의 영역에서 대상들이 우리에게 직관을 통해 주어진다는 조건에 의해서만 가능하다. 왜냐하면 직관이 없으면 우리의 인식에는 객관이 결여되는 것이고, 그렇게 되면 인식은 완전히 공허한 것이 되기 때문이다. 따라서 초월적 논리학 아래에서 다루는 초월적 분석학은 순수 지성 인식의 요소들과 원리들을 서술하는 데 언제나 직관적 대상을 염두에 두어야 한다. 그런 점에서 칸트는 초월적 논리학을 진리의 논리학이라고 부른다.

이에 반해 칸트가 가상의 논리학이라고 부르는 영역이 있다. 그것은 진리 인식이 현상계를 벗어나 사고 규칙을 적용할 때 생기는 가상들을 비판하는 부분이다. 순수 지성 인식의 원칙들은 오직 직관적 질료하고만 관계를 하고 진리를 확정할 수 있는데, '이성'은 이 원칙들을 경험의 한계 너머까지도 적용하려고 하는 특성을 가지고 있다. 그것이 바로 이성의 형이상학적 욕망이다. 이성의 작용으로 인해 순수한 선험적 지성의 형식적 원리들은 주어지지도 않은 대상들에게까지 적용될 위험에 빠질 수 있다.

칸트가 보기에 지금까지의 형이상학의 문제는 순수 지성 개념이 경험적 한계를 넘어 이성의 요구에 따라 무제한적으로 사용되는 데서 발생하는 것이었다. 따라서 칸트는 "지성과 이성이 초자연적으로 사용되는 것"(B88)을 초월적 변증학에서 비판한다.

(4) 초월적 분석학

순수 지성(개념)의 요건

초월적 분석학은 선험적인 전체 인식을 순수 지성 인식의 요소들로 분해하는 일이다. 순수 지성의 인식 요소들은 '개념'이다. 분석이라고 했을 때 분석하는 주체와 분석하는 대상이 있어야 한다. 초월적 분석학에서 분석되는 대상은 사고 능력 자체, 즉 지성이다. 분석하는 주체 역시 지성이다. 지성이 자기

능력의 범위와 한계를 규정하는 일을 한다. 자기 자신을 '넘어서서(transzendental)' 자신을 객관화하기 때문에 '초월적 분석학'이라는 명칭이 붙는 것이다.

칸트는 초월적 분석학에서 얻은 개념은 다음의 요소를 충족해야 한다고 보았다.

> 1. 개념은 순수 지성의 요소이므로 경험적이지 않은 개념이어야 한다.
> 2. 직관이나 감성에 속하는 것이 아니라 사고와 지성에 속해야 한다.
> 3. 기본 개념이기 때문에 파생된 개념이거나 합성된 개념이어서는 안 된다.
> 4. 개념들의 표는 완전해야 하고, 순수한 지성의 전 범위를 포괄해야 한다.(B89)

순수한 개념이란 어떤 경험과도 섞이지 않은 개념을 말한다. 개념이란 지성의 활동이므로 순수한 개념은 순수 지성 개념과 동일한 의미를 갖는다. 나아가 순수 지성 개념은 인간이 대상을 사고하는 근본 틀이므로 범주라고도 부른다. 그리고 지성의 분석을 통해 획득해야 할 내용은 순수한 개념이어야 하므로 합성 개념이나 파생 개념이어도 안 된다. 합성 개념은 유니콘, 용, 봉황 등 상이한 개념들이 합쳐져 새롭게 만들어진 개념을 말한다. 파생 개념은 보다 근원적인 개념으로부터 생겨난 것들을 말한다. 예를 들어 힘, 동작, 수동 등과 같은 개념은 보다 근원적인 '원인'이라는 개념으로부터 생겨난 것들이기 때문에 파생 개념이다. 마지막으로 '개념들의 표는 완전해야 하고 순수한 지성의 전 범위를 포괄해야 한다.' 그렇지 않으면 그것은 불완전한 연구가 될 것이다.

앞서 감성학에는 두 가지 순수 직관이 있었는데 공간과 시간이었다. 순수 지성이 인식을 위해 사용하는 것이 개념이고 칸트는 이를 다른 개념들과 구분해서 범주(category)라고 부른다. 뒷부분에 나오지만 이성의 영역에서 사용되는 개념은 '이념(idea)'이라고 부른다.

분석론은 지성의 순수한 선험적 개념들에는 어떤 것들이 있으며 그것들이 어떻게 경험에 적용되는가를 탐구하는 범주론, 연역론, 도식론, 원칙론의 네 가지 하위 이론을 포함하고 있다. 범주론에서는 판단표를 이용하여 지성의 순수 개념인 범주를 도출하며 연역론에서는 선험적 개념들이 경험에 적용될 수 있는 근거를 증명하고, 도식론에서는 감성과 지성이라는 이질적 능력들을 매개하는 도식 작용에 대해 다룬다. 원칙론에서는 진리의 조건으로서 범주를 다룬다.

(5) 순수 지성 개념을 발견하는 초월적 단서

지성은 직관의 능력이 아니다. 인간의 지성 인식은 곧 개념들에 의한 인식이자 논변적인 인식이다.(B93) 모든 직관은 감성적인 것으로서 어떤 촉발(affection)에 의존한다. 따라서 수동적이다. 그러나 개념들은 사고의 자발성에 근거한다. 따라서 능동적이다. 개념은 "서로 다른 표상들을 하나의 공통적인 표상 아래서 정돈하는 통일 활동"(B93)을 한다.

직관만이 대상에 직접 관계하므로 개념은 직접 대상과 관계 맺지 못하고 직관에 주어진 대상에 대한 표상들을 하나로 모으는 작용을 한다. 따라서 판단은 "대상에 대한 간접적인 인식"이며 "대상의 표상에 대한 표상"(B93)이다. 모든 판단에는 많은 표상들에 타당한 하나의 개념이 들어 있다.

예를 들어 '모든 물체는 가분적(divisible)이다'라는 판단에서 '가분성'이라는 개념은 '물체'라는 개념과 관계를 맺고 있다. 그런데 이 물체라는 개념은 여러 대상들과 관계를 맺고 있다. 따라서 이 여러 대상들은 가분성이라는 개념을 통해 매개적으로 표상되는 것이다. 다양한 물체들의 표상은 가분성이라는 개넘을 통해 통일된다. 따라서 "모든 판단들은 우리 표상들 간의 통일 기능"(B94)이다.

그런데 지성의 활동 일반은 판단들로 환원할 수 있다. 그래서 "지성 일반은 판단하는 능력"(B94)이라고 할 수 있다. 왜냐하면 지성은 사고하는 능력이기 때문이다. 사고한다는 것은 "개념에 의한 인식"(B94)이다. 그런데 개념들은 "가능한 판단의 술어들"(B94)로서 아직 규정되지 않은 대상에 대한 어떤 표상과 관계한다. 그러므로 '물체'는 그 아래 예컨대 금속, 나무, 돌, 꽃 등등을 포함하고 있고 그 표상들을 매개로 대상들과 관계를 맺을 때 개념이 된다. 예를 들어 '금속은 모두 물체다'와 같은 판단이 가능해진다. 여기에서 물체는 하나의 술어로 쓰였으므로 인식을 가능하게 하는 개념이다. 즉 금속이 물체로 규정되는 것이다. 그러므로 우리가 판단들에서 통일 기능을 완벽하게 드러낼 수 있다면 지성의 기능들은 모두 발견될 수 있을 것이다. 칸트에 의하면 인간의 판단은 일정한 한계와 법칙을 갖기 때문이다.

(6) 지성의 논리적 사용과 판단

칸트 철학에서 가장 중요한 부분이라고 할 수도 있는 범주는 지성이 사고하는 틀이라고 할 수 있다. 일반 논리학은 인식의 내용을 도외시하기 때문에 형식들만을 고려하여 분석한다. 이에 반해 초월적 논리학은 선험적인 감성의 '잡다'라는 질료를 사고의 내용으로 갖는다. 그러나 우리 사고의 자발성은 잡다로부터 인식을 얻기 위해서 "이 잡다가 먼저 일정한 방식으로 수용되고 취해져서 결합되기를 요구"(B102)하는데 이를 '종합(synthesis)'이라고 한다.

종합은 가장 일반적인 의미에서 여러 표상들을 서로 덧붙여 하나의 인식으로 정리하고 파악하는 활동 작용이다. 잠자리의 눈부신 날개, 푸르륵거리는 떨림, 외양간 냄새 등 여러 표상들을 모으고 결합함으로써 '여름'이라는 인식이 생긴다. 그런데 지금처럼 "경험적으로가 아니라 선험적으로 이러한 표상이 주어진다면 그런 잡다의 종합은 순수하다."(B103) 영원이라는 선험적 표상과 신이라는 선험적 표상의 결합을 통해 신의 영원성이라는 개념을 얻었다면 이런 것은 선험적인 종합이다.

칸트는 종합이란 상상력의 작용이라고 말한다. 그런데 상상력은 어디에도 자신의 영역을 갖지는 않는다. 상상력을 감성에서도 지성에서도 모두 활동 가능한 어떤 자유로운 능력으로 보고 있다. 상상력은 하나의 능력으로서 자유롭게 인간의 인식 능력과 만난다고 보아야 할 것이다.

칸트는 종합이 없으면 우리는 "아무런 인식을 가지지 못할 것"(B103)이라고까지 한다. 그런데 이 종합을 개념들에게로 가져가는 것, 그것은 지성에 속하는 기능이고 이로부터 우리는 비로소 본래적 의미에서 인식을 얻는다. 다시 말하면 상상력에 의해 종합된 것이 지성에 의해 개념으로 가면 이 개념에 의해 인식으로 전환된다는 것이다. 우리가 셈하는 것은 개념들에 따르는 종합이다. 예를 들어 돈을 셀 때, 만 원, 이만 원, 삼만 원…… 이런 식으로 우리는 하나하나를 십진법에 의해 종합한다. 십진법, 이것이 바로 개념이다. 종합된 것들을 통일할 수 있게 하는 공통의 기초가 십진법이다. 그러므로 이 개념 아래에서 잡다의 종합과 통일은 필연적이다.

일반 논리학에서는 여러 표상들이 분석적으로 한 개념 아래로 보내진다. 총각은 결혼하지 않음, 남성이라는 개념으로 분석된다. 그러나 표상이 아니라, "표상들의 순수 종합을 개념들에게로 가져가는 일은 초월논리학이 가르쳐준다."(B104) 초월논리학은 다음의 과정을 통해서 순수 종합을 개념들에게로 가져간다.

첫째, 모든 대상들에 대한 선험적인 인식을 위해 주어져야 할 것은 순수한 직관의 잡다이다. 둘째는 상상력에 의한 이 잡다의 종합이다. 그러나 이 종합만으로는 인식이 형성되지 않는다. "이 순수한 종합에 통일성을 주"며 오로지 "이 필연적 종합적 통일의 표상에서 성립하는 개념들"(B104)이 인식의 대상을 위해 필요한데 그것이 바로 지성이 하는 일이다.

칸트는 여기에서 "한 판단에서 서로 다른 표상들에게 통일성을 부여하는 동일한 기능이, 곧 또한 한 직관에서 여러 표상들의 순수한 종합에 통일성을 부여하는 것이다"(B105)라고 하며 셋째 작업의 '개념들'이 둘째 단계의 종합에도 관여한다고 말한다. 돈을 셀 때 십진법이라는 개념은 종합하는 과정에서 이미 상상력에 어떤 영향을 미치고 있다는 뜻이다. 왜냐하면 이런 개념(십진법)이 없으면 상상력은 돈을 세는 대신 '돈을 훔칠까?', '돈이 얼마 없네' 등과 같은 종합 판단을 할 수도 있기 때문이다. 만약 모두 십만 원이 있었다고 종합하려면 직관적 자료들(지폐)을 상상력이 종합하는 과정에 십진법이라는 개념이 개입해야 하는 것이다.

순수 지성은 한 판단에서 서로 다른 표상들에게 통일성을 부여한다. 또한 순수 지성은 한 직관에서의 여러 표상들의 순수한 종합에 통일성을 부여한다. 그리고 이것은 지성이 하는 초월적 작업이다. 이 순수 지성 개념들은 표상의 형태로 주어지는 잡다들에 대해 종합과 통일이라는 선험적 작업을 통해 인식을 형성한다. 그러므로 직관들 일반에 선험적으로 관계하는 순수 지성 개념들의 수는 모든 가능한 판단들의 논리적 기능들만큼 존재해야 한다. 우리는 이 개념을 아리스토텔레스를 따라 '범주'라고 부른다. 순수 지성 개념은 범주이다.

감각 정보를 처리하는 지성의 순수 개념: 범주

우리가 세계를 인식하는 두 번째 단계라고 할 수 있는 부분이다. 첫 단계에서 인간은 직관을 통해 대상의 잡다를 받아들이고, 감성의 형식으로 잡다를 질서지었다. 하지만 아직도 세계에 대한 지식을 얻을 수는 없다. 받아들인 정보는 가득하지만 아직 혼돈의 덩어리로 인간에게 주어졌을 뿐이다. 예를 들어 은행잎을 바라보며 갖는 직관 표상은 색, 크기, 모양 등 여러 속성들을 담고 있어 어느 한 관점에서 규정되기 전에는 무규정적 표상일 뿐이다. 그런 무규정적 직관 표상을 색이라는 관점에서 규정하면 '이 은행잎은 노란색이다'라는 판단이 성립한다. 이는 무규정적 표상을 색이라는 관점에서 노란색이라는 일반 개념 아래 포섭시킴으로써 얻어진 판단이다. 직관이 직관 내용만으로 성립하지 않고 직관 형식이 요구되듯이, 지성의 판단도 판단에 사용되는 개념의 내용만으로 성립하는 것이 아니라, 그와 구분되는 판단의 형식이 필요하다. 은행잎의 표상과 노란색의 표상을 연결시켜 'x는 y이다'라는 판단을 내리게끔 하는 판단 형식이 개념의 내용과는 독립적으로 판단 자체를 가능하게 하는 판단의 형식으로 작용한다.

칸트 입장에서 보면 지성이 선험적으로 자기 안에 가지고 있는 범주를 통해서 감각 정보를 처리해야만 우리는 세계에 대한 지식을 얻을 수 있다. 지성은 오직 다음의 범주들 때문에 순수한 지성이다.

범주표

양의 범주들	질의 범주들	관계의 범주들	양상의 범주들
하나[단일성]	실재성	내속성과 자존성 [실체와 우유성]의 관계	가능성-불가능성
여럿[다수성]	부정성	원인성과 의존성 [원인과 결과]의 관계	현존-부재
모두[전체성]	제한성	상호성 [능동자와 수동자 사이의 상호작용]의 관계	필연성-우연성

위의 표가 지성이 선험적으로 자기 안에 함유하고 있는 순

수한 모든 개념들의 목록이다. 오직 이 범주들을 통해서만 지성은 직관의 잡다에서 뭔가를 이해할 수 있고 사고할 수 있다. 이 분류표는 판단하는 능력으로부터 체계적으로 산출된 것이며 아리스토텔레스에 기초를 두고 있다.

『범주론』 4장에서 아리스토텔레스는 10개의 범주(실체, 분량, 성질, 관계, 장소, 시간, 상태, 소유, 능동, 피동)를 제시한다. 칸트는 아리스토텔레스의 업적을 존중하지만, 그가 "아무런 원리도 가지고 있지 못했기 때문에 그런 개념들을 부딪치는 대로 이리저리 10개를 모아 범주들"(B107)이라고 불렀다고 했다. 칸트는 아리스토텔레스가 제시한 10개의 범주에는 감성의 순수한 양태들(시간, 장소, 위치, 선차성, 동시성)도 있고, 심지어 감성의 경험적 양태(운동)도 있으며 몇 개의 순수한 개념들은 간과했다(B107)고 아리스토텔레스를 비판했다.

순수한 직관 형식을 탐구한 것은 칸트가 처음이었지만, 지성의 토대 개념들에 대한 탐구는 17, 18세기 철학적 논의의 과제였다. 이미 경험론에서 로크와 흄은 단순 관념들, 가령 색깔, 소리, 냄새, 맛, 촉각 등 궁극적인 요소 개념들을 탐구했다. 경험론자인 그들은 이러한 단순 관념들을 순수한 지성으로 소급하지는 않았다. 반면 합리론자인 데카르트와 라이프니츠는 순수한 지성 개념들의 체계 속에서 우리가 사물 그 자체를 인식할 수 있다고 믿었다. 이러한 상황 속에서 칸트 철학은 형성되었다.

칸트는 범주표 뒤에 주석을 달아 주목하여 생각할 부분에 대해 이야기한다.

첫째, 범주표는 두 부류로 나누어진다. 양과 질의 범주는 직관의 대상들을 겨냥하고 있고, 관계와 양상의 범주는 대상들의 실존을 겨냥하고 있다. 양적인 대상들과 질적인 대상들을 다루는 첫 번째 부분을 '수학적 범주'(B110)라고 한다. 직관적 대상들이 어떤 종류가 있는지 그리고 있다면 얼마나 있는지를 파악하는 개념이기 때문에 수학적이라고 부른다. 또한 대상들의 실존을 겨냥하는 부류는 그 대상들이 원인과 결과의 관계로 실존하는지 아니면 가능성이나 필연성의 관계로 실존하는지를 파악하는 것이므로 '역학적 범주'(B110)라고 부른다.

둘째, 범주의 각 항목 수가 셋으로 동일하다는 부분이다. 칸트 이전에 보통 개념들에 의한 선험적인 분류는 가령 '긍정/부정'과 같은 이분법이었다. 칸트는 "각 항의 셋째 범주가 첫째와 둘째 범주의 결합으로부터 생긴다"(B110)고 밝힌다. 모두는 하나로 간주된 여럿이고, 제한성은 부정성과 결합된 실재성이며, 상호성은 타자를 서로 규정하는 실체의 인과성이고, 필연성은 가능성 자신에 의해 주어지는 실존이다.

이런 삼중 관계는 정립, 반정립, 종합이라는 삼단의 논리적 구조를 갖는 헤겔의 변증법을 연상케 한다. 칸트는 각 항의 위상을 대등하게 생각하여 평면적으로 펼쳐놓은 반면 헤겔은 각각을 일종의 발전 단계로 간주하고 이를 운동과 변화의 원리로 설정, 궁극적으로 진리의 원리로 주장했다. 헤겔의 변증법은 칸트의 삼중 구조가 발전한 형태라고 보아야 할 것이다.

직관은 어떻게 범주와 만날 수 있을까

칸트에게 법적인 권한의 행사에 있어서 그것이 합법인지 월권인지 그 법적인 권리의 유무를 따지는 일을 '연역(deduction)'이라고 한다. 그런데 우리가 아무 때나 연역을 하지는 않는다. 경험의 개념(나무, 의자)은 그것의 객관적 실재성인 경험을 늘 하고 있기 때문에 연역의 필요성을 느끼지 못한다. 이에 비해 행운이나 운명과 같은 개념들은 그에 해당하는 분명한 권리 근거를 경험이나 이성으로부터 제시할 수 없기 때문에 연역이 어렵다.

하지만 경험에 의해서는 증명될 수 없어도 인식을 위해 증명되어야 하는 것이 있으니 바로 지성 개념인 범주다. "어떻게 선험적 개념이 대상과 관계 맺을 수 있는가 하는 방식에 대한 설명"(B117)이 바로 그 개념에 대한 초월적 연역이다.

우리는 선험적으로 대상과 관계 맺는 두 가지 인식 종류를 가지고 있다. 하나는 감성의 형식인 공간과 시간이며, 또 다른 하나는 지성의 개념인 범주들이다. 이들을 경험적으로 연역하는 것은 불가능하다. 왜냐하면 공간과 시간, 범주들은 경험으로부터 어떤 것도 빌려오지 않고 대상들과 관계를 맺기 때문이다. 그래서 이들은 경험적 연역이 아니라 초월적 연역이어야 한다.

우리가 대상을 인식하려면 그 선험적 형식인 공간과 시간을 전제하지 않고는 불가능하다는 것을 앞에서 다루었다. 시간 공간 없이는 어떤 것도 이 세상에 나타날 수가 없다. 이에 반해서 지성의 범주들은 대상이 직관에 주어지는 조건을 나타내는 것이 아니다. 대상들은 지성과 관계 맺지 않고도 얼마든지 현상할 수 있다. 여기에서 우리가 감성의 분야에서는 부딪치지 않았던 어려운 문제가 나타난다. 즉 현상들은 지성의 기능 없이도 직관에 주어질 수 있기 때문에 범주와 같은 주관적 조건들이 어떻게 대상에 대한 인식을 가능하게 하는지 그 타당성을 제시해야 한다.

(1) 경험의 가능성을 위한 선험적 근거

경험과 관계 맺지 않은 선험적 개념을 통해서 우리는 어떤 것도 생각할 수 없다. 왜냐하면 직관적 질료와 같은 대상이 그 안에 들어 있지 않기 때문이다. 대신 칸트는 그러한 선험적인 순수한 개념들은 "가능한 경험을 위한 선험적인 순수한 조건들"(A95)이라고 한다. 선험적 개념은 경험과 인식을 위한 논리적 형식이다. 단일성이라는 개념은 논리적 형식으로서 이 개념적 조건을 통해 다수성이나 전체성이 아닌 경험이 가능하다고 하는 것이다.

순수 지성 개념이 어떻게 가능한가를 알고자 한다면 경험 가능성을 위한 선험적 조건들이 무엇인지 탐구해야만 한다. 칸트는 "경험의 이 형식적이고 객관적인 조건을 보편적이고 충분하게 표현하는 개념을 순수 지성 개념"(A96)이라고 말한다. 결국 순수 지성 개념과 경험의 선험적 조건은 밀접한 관련을 갖는다.

물론 순수한 지성 개념이기는 하지만 경험에 주어질 수 없는 대상, 가령 유니콘 같은 개념을 결합해서 경험 조건에 필수적인 직관을 제거한다거나, 신처럼 경험 너머까지 확장 사용해서 경험에 주어질 수 없는 대상들을 생각해낼 수도 있다. 유니콘이든 신이든 경험에서 얻을 수 있는 것이 아니니 순수 지성 개념에 문제가 있는 것은 아닌가 하고 생각할 수도 있다. 그러나 칸트는 "순수 지성 개념들은 경험 대상의 선험적인 순수한 조건들을 함유함에 틀림없다. 왜냐하면 그렇지 않다면, 이것들에 의해서는 아무런 것도 생각되지 않을 뿐만 아니라, 이것들 자체도 주어지는 것 없이는 결코 사고 속에서 생길 수가 없기 때문"(A96)이라고 하면서 순수 지성 개념이 가능한 경험의 선험적 조건임을 명확히 한다.

경험에서 순수 사고를 선험적으로 함유하는 이 개념들을 우리는 범주들에서 발견한다. "이제 이 범주들에 의해서만 하나의 대상이 사고될 수 있음을 증명할 수 있으면, 그것은 이미 범주들의 충분한 연역이고, 범주들의 객관적 타당성의 정당화"(A97)이다. 그런데 대상의 사고에서 지성은 직관과 관계를 맺어야 한다. 그런데 직관은 경험적인 성질의 것이고 지성과는 이질적이므로 이 둘의 관계 맺음에 대한 연구는 '초월적'일 수밖에 없다.

어느 경우든 한 개별 표상이 다른 표상과 서로 격리되고 분리되어 이질적이라면, 결코 연결된 표상들의 전체적 인식이 생겨날 수 없다. 따라서 직관에서는 잡다들이 종합되어야 하고, 감성의 수용성은 자발성과 결합되어야 한다. 칸트는 이를 모든 인식에서 필수적으로 나타나는 '세 겹의 종합'이라고 부른다. "직관에서 마음의 변양(Modifikationen)인 표상들을 포착하는 종합, 상상에서 표상들을 재생하는 종합, 개념에서 표상들을 인지하는 종합"(A97)이 그것이다.

칸트는 이 세 가지 종합이 주관의 세 인식 원천(감각 기능, 상상력, 통각)을 이끌고, 이 인식 원천 자신이 지성을 가능하게 한다고 한다. 이 세 가지 종합은 지성의 경험적 산물인 모든 경험을 가능하게 한다.

(2) 세 겹의 종합

1) 직관에서 포착하는 종합

우리에게 표상은 외적인 경험이나 내적인 느낌 때문에 생기기도 하지만 선험적으로 생기기도 하고 경험적으로 생기기도 한다. 이렇게 표상은 여러 가지 방식으로 생기지만 모두 마음의 변양으로서 내감에 속하는 것이다. 이러한 표상들은 내감의 형식적 조건인 시간에 종속된 방식으로 관계를 맺어야 한다.

온 국민이 열광하는 월드컵 경기에서 우리나라가 득점을

변양

철학에서 일반적으로 사물의 본질을 변화시키지 않는 범위에서 사물의 다양한 존재 방식의 변화를 의미한다. 변양(Modifikationen, 變樣)은 철학자마다 다양하게 사용한다. 특히 스피노자는 끊임없는 양태의 변화 속에서 정신이 휘둘리는 것은 노예 상태라고 보았다.

하면 방송에서는 이 장면을 슬로 모션으로 자주 보여준다. 공을 골대 가까운 선수에게 패스하는 선수, 이를 받는 선수, 공을 향하는 발동작, 골대를 향하는 발길질, 골문을 두드리는 축구공, 사람들의 환호. 우리는 이런 인상의 연속을 시간적인 차원에서 구별하기 때문에 직관에 있어 일단 잡다를 포함한다. 이렇게 서로 구분된 잡다에서 직관의 통일이 이루어지려면 우선 잡다를 구분한 다음 그것을 총괄해야 한다. 지금 우리의 내감에 주어진 모든 것들을 총괄, 즉 단일체로 묶는 작업을 해야 한다는 것이다. 왜냐하면 패스하는 축구 선수, 이를 받는 축구 선수, 공을 향하는 발동작, 골대를 향하는 발길질, 골문을 두드리는 축구공, 사람들의 환호 등이 따로 있다면 '월드컵 득점'이라는 개념으로 통합할 수가 없을 것이다. 이렇게 잡다를 구분하고 그것을 총괄하는 작업을 '포착의 종합'(A99)이라고 한다.

그런데 지금 분석한 것은 경험적 포착이다. 그렇다면 포착의 종합은 선험적으로도 시행되어야만 한다고 칸트는 말한다. 왜냐하면 선험적으로도 포착의 능력이 있어야 공간 표상도 시간 표상도 가질 수 있기 때문이다.

2) 상상에서 표상들을 재생하는 종합

자주 연속되는 표상들은 서로 연합하고 그렇게 연결하는 경험 법칙이 있는데, 이런 연결에 따라 대상이 없어도 하나의 표상이 나타나면 규칙에 따라 자연스럽게 다른 하나가 연상된다. 이것을 재생의 법칙이라고 한다. 여름방학을 떠올리면 시골 할머니 집, 잠자리, 외양간 냄새를 자연스럽게 떠올리듯이 말이다. 요즘은 여름방학 하면 해외여행이 더 자연스럽겠지만 말이다. 재생의 법칙들은 현상들이 이 연합의 규칙에 종속되어 있다는 것과 표상들의 잡다 안에서 일정한 규칙들에 따르는 잇따름이 일어난다는 것을 전제하고 있다.

그러나 단순히 경험적인 것들이 재생의 법칙을 이끈다면 우리는 거기서 필연적인 연결을 찾아낼 수 없다. 붉은색의 표상을 보면 항상 진사(辰砂)라는 광물(눈앞에 보이지 않고 상상을 통해 끌어온 표상)을 생각해내는 경험적 재생의 종합은 지나간 대상들을 재생할 수 있는 선험적 종합 능력을 전제하는 것이다. 상상력의 이 종합은 모든 경험에 앞서 선험적인 원리들 위에서 정초된다. 하나의 선을 상상 속에서 그을 때 우리는 지나간 선, 그러니까 직선의 처음 부분들, 또 잇따라 그어진 부분들을 생각 속에서 잊어버리면 결코 선을 완성할 수가 없다. 완전한 선이란 지나간 선의 재생의 종합과 재생에 의해 나타난 잡다의 포착의 종합에 의해 가능한 것이다.

그러므로 포착의 종합은 재생의 종합과 반드시 결합되어 있다. 우리의 마음에는 현존하지 않는 표상을 자율적으로 재생하는 능력이 있는데 그것을 상상력의 초월적 능력이라고 한다.

3) 개념에서 표상들을 인지하는 종합

재생의 종합에서 중요한 것은 "우리가 지금 생각하고 있는 것이 한순간 전에 우리가 생각했던 바로 그것과 동일하다는 의식이 없다면 일련의 표상들에서 재생은 허사일 것"(A103)이라는 점이다. 만약 수를 셀 때 머릿속에 떠오르는 단위들을 순차로 더해 가는 것을 잊어버린다면 답을 구할 수가 없을 것이다. "수의 개념은 오직 이 종합의 통일 의식에서만 성립"(A103)한다. 그런데 이 의식은 아주 희미한 것일 수 있지만 "비록 두드러진 명료성은 결여되어 있더라도 언제나 있어야만"(A104)하는, 즉 숫자를 더하면서 그것을 잊어버리지 않는 의식이다. "하나의 의식 없이는 개념들도 불가능하고 그와 함께 대상들에 대한 인식도 전혀 불가능"(A104)하다. 숫자를 세면서 끝까지 십진법이라는 개념은 하나의 의식이 동일하게 적용된다. 이것이 개념에서 인지의 종합이다.

(4) 표상과 구별되는 대상=X와 초월적 통각

사람들이 '현상들의 한 대상'이라는 표현으로 무엇을 의미하는지 분명히 해야 할 필요가 있다. 우리의 직관에 주어지는 것은 현상들 그 자체가 아니라 감각적 표상들이다. 그렇다면 사람들이 인식된 것과는 구별되는 대상을 이야기할 때 '어떤 것=X'라고 생각할 수 있다. 우리는 오직 표상들의 잡다만을 다룰 수밖에 없고, 표상들에 대응하는 X는 우리의 종합 활동에 의해 생성된 것이므로 표상들의 잡다와도 구별되는 어떤 것이어야만 한다. 그렇다면 "저 대상이 필연적으로 이루는 통일성은 표상들에서 잡다의 종합이 이루어지는 의식의 형식적 통일성"(A106)이다. 그래서 직관의 잡다에서 개념의 종합적 통일을 성취했을 때, '우리는 대상을 인식한다'(A106)고 말한다.

모든 인식은 하나의 개념을 필요로 하고, 이 개념은 보편적 규칙으로 쓰인다. 그런데 이 개념이 직관에 대해 규칙으로 쓰일 수 있는 것은, 주어진 현상들에서 그 잡다의 필연적 재생을 표상할 수 있기 때문이다. 이를테면 물체 개념이 지나가버린 적절한 표상들을 재생해주지 않으면 의식의 종합에 있어서 아무런 역할도 하지 못한다. 개념에 의한 표상의 통일, 표상들의 재생, 다양한 표상들에 대한 동일한 의식을 통해서 우리는 대상=X를 생각할 수 있다.

그런데 "모든 필연성에는 항상 초월적인 조건이 기초에 놓여 있다."(A106) 의식의 통일이라는 초월적 근거 없이 직관들을 종합해 대상=X를 생각한다는 것은 불가능하다. 그 근원적인 초월적 조건을 바로 '초월적 통각(appercerption)'이라고 부른다. 우리의 내적 지각에서 자기에 대한 의식은 항상 많은 표상들이 변화하기 때문에 우리는 지속적이고 불변하는 자기 자신을 확보할 수가 없다. 따라서 자기의식의 동일성은 경험적인 자료에 의해서는 불가능하다. 그것은 모든 경험에 선행하면서 경험 자체를 가능하게 하는 조건으로서 초월적 전제를 해야만 가능한데 그것이 초월적 통각이다. 그러므로 "이 통각의 수적인 통일성은 선험적으로 모든 개념들의 기초에 놓여 있다."(A107)

순수 지성 개념의 연역(재판)

(1) 통각의 근원적·종합적 통일에 대하여

근원적 통각은 '나는 생각한다'의 형태로 표현할 수 있다. 그런데 '나는 생각한다'는 것은 나의 모든 표상에 있어 반드시 함께해야 하는 것이다. 내가 생각하지 않는 표상이 있을 수 있을까? "'나는 생각한다'는 것은 나의 모든 표상에 함께할 수밖에 없다."(B131) 칸트는 초판에서 통각이라고만 하고 지나갔던 것을 "'나는 생각한다'는 일자(一者)"(B140)라고 규정한다. 직관의 모든 잡다는 '나는 생각한다'와 필연적인 관계를 맺어야 한다. '나는 생각한다'라는 표상은 자발적이며 경험 이전의 선험적 영역이므로 순수하고 근원적이다. 잠자리의 오묘한 눈을 생각하는 나와 외양간 냄새를 생각하는 나가 다르다면 두 종류의 종합을 통일할 수 없고, 따라서 여름방학이라는 개념을 만들 수도 없다. 모든 표상들에 모두 '나는 생각한다'가 함께한다는 것은 곧 표상들의 잡다 속에서도 나는 하나의 동일자로 존재한다는 것이다. 통각은 표상을 통일하고 종합한다. 이것이 바로 초월적 통각의 의미이고 역할이다.

(2) 자연의 법칙이 범주를 따라야 하는 이유

"범주들이란, 현상들에게, 즉 모든 현상들의 총괄인 자연 (질료상으로 본 자연)에게 선험적 법칙을 주는 개념들이다."(B163) 왜 선험적 법칙들은 자연으로부터 도출되지 않았으면서도 자연이 저 선험적 법칙들을 따라야 할까? 자칫 대단한 억견이라고 생각할 수도 있는 칸트의 철학은 '자연'을 무엇으로 보는가에 따라 달리 보일 수 있다. 칸트에게 자연은 대상 X, 즉 사물 자체로서의 자연이 아니다. 우리에게 표상되는 '현상'이다. "한갓 표상으로서의 현상들은 연결하는 자가 지정해준 법칙인 그 연결의 법칙 아래에 종속"(B164)한다.

그런데 감성적 직관의 잡다를 연결하는 것은 상상력이다. 상상력은 단독으로 활동할 수 없으며 지성이 하는 종합의 통일 작용, 즉 통각에 의존해야 한다. 모든 가능한 지각은 포착에 의존하지만, 이 포착의 종합은 선험적인 종합에, 다시 말해서 범주들에 의존한다. 따라서 자연의 현상들은 결국 범주의 규칙에 의존할 수밖에 없다.

정리하면 우리의 인식은 자연 그 자체, 현상 너머에 있는 그 자체(대상 X)에 대한 인식이 아니기 때문에 현상에 대한 인식일 뿐이다. 범주에 의한 선험적 인식은 자연 현상에 적용

되는 인식이므로 자연의 법칙은 당연히 범주를 따를 수밖에
없다.

그럼에도 불구하고 이성은 오류에 빠진다

피하기 어려운 초월적 가상

지금까지 인간의 인식 능력인 감성과 지성을 그 선험적 조건에 따라 능력의 한계와 권리에 대해 알아보았다면 이제부터 본격적으로 '형이상학'의 영역으로 넘어간다. 형이상학은 전통적으로 '신, 자유, 영혼의 불사성'을 다룬다. 칸트는 이를 '변증학'이라고 부르는데 변증학은 '가상(illusion)'의 논리학(B349)이라 부른다. 변증학이 가상이라고 불리는 이유는 결함은 있지만 그렇다고 속임수는 아니면서 개연성의 이론에도 미치지 못하기 때문이다.

사람들은 '감관들은 착오를 하지 않는다'고 말하는 것은 옳지만 그것은 감관이 항상 옳게 판단하기 때문이 아니라 전혀 판단하지 않기 때문이다. 판단은 지성이 한다. 변증학이 가상의 논리학인 이유는 그것이 우리 감관의 착각의 문제가 아니라 대상에 대한 지성의 판단에서 마주치는 착오와 관련되기 때문이다. 잘못된 감각의 착오가 아니라 우리 이성의 근본적인 지점에서 발생하는 어떤 착각과 관련한 것이 변증학이다.

우리가 여기서 다룰 문제는 경험적 가상(예를 들어 시각적인 가상 또는 착오)의 문제를 넘어선다. 보통 경험적 가상(시각적 가상)은 상상력의 영향을 받아 잘못 판단하는 것이다. 우리가 다룰 문제는 '초월적 가상'이다. 이것은 결코 경험적으로 사용되어서는 안 되는 원칙들이 경험을 넘어 사용되면서 "순수 지성의 확장이라는 환영"(B352)을 낳는다. 초월적 가상은 지성으로 하여금 가능한 경험의 경계 안에 머무는 내재적 원칙에서 벗어나 경험의 한계를 넘어가는 '초험적 원칙'을 따르면서 발생한다. 여기에서 '초험적 원칙'이라는 표현이 새롭게 등장한다. 초험적 원칙이란 순수 지성의 원칙들은 순전히 경험적으로만 사용되어야 하는 것이고, 초월적으로는, 즉 경험의 한계를 넘어서 사용되어서는 안 되는 것인데, 이 경계를 넘어가 월권하여 그 영역을 차지하라고 명령하는 원칙을 초험적 원칙이라고 한다.

이성의 형식을 모방할 때, 진리인 것처럼 주장하는 논리적 가상(거짓 추론의 가상)은 논리적 규칙에 주의하지 않아서 발생하는 것이므로 조심하면 피할 수 있다. 예를 들어 "인구 80%가 외계인을 믿는다. 그러므로 외계인은 존재한다" 혹은 "후지산은 활화산이다. 마우나로아산도 활화산이다. 그러므로 모든 화산은 활화산이다"와 같은 추리들이 언뜻 참의 결과를 이끌어 낸 것처럼 보이지만 사실 결론이 참이 아닌 추리들이다. 아무리 많은 사람들이 외계인을 믿어도 외계인이 존재하는지는 알수 없는 일이다. 또 아무리 많은 활화산을 열거해도 휴화산은 있기 마련이다.

그러나 '초월적 가상'은 피하기가 어렵다. '세계는 시간상의 시초를 갖는다'는 명제는 위에서 말한 논리적 가상과는 다르다. 초월적 비판을 통해 세계에 시초가 없다고 인식한다고 해도 위의 명제는 사라지지 않는다. 왜냐하면 우리 이성은 주관적 필연성에 따른 인식을 사물들 자체에 대한 인식이라고 생각하는 경향이 있다. 다시 말해서 나의 이성이 일으키는 착각인데 그것이 사물 자체에 대한 인식이라고 생각하는 것이다.

예를 들어 이런 이성의 착각 중에는 달이 막 뜨기 시작할 때 더 크게 보인다거나 바닷가에서 바다 중앙이 더 높아 보이는 것과 같은 것이 있다. 칸트는 이런 것을 환상이라고 하며 우리가 결코 피할 수 없는 것이라고 주장한다.(B354)

초월적 가상을 다루는 "초월적 변증학은 그러므로 초월적 판단들의 가상을 들춰내고, 동시에 그것이 기만하지 않도록 방지하는 것으로 만족할 것이다."(B354) 칸트는 초월적 가상을 논리적 가상처럼 없앨 수는 없다고 한다. 초월적 변증학은 "주관적 원칙들에 근거하고 있으면서도 그 주관적 원칙들을 객관적인 것으로 슬쩍 바꿔치기하는, 자연스럽고 불가피한 환상"(B354)이기 때문이다. 칸트는 이러한 변증학을 자연스럽고 불가피한 순수 이성의 변증학이라고 부른다. 이는 "인간 이성에서 몰아낼 수 없게끔 붙어 있어서, 우리가 그것의 환영을 들춰낸 후에도 이성 앞에서 요술 부리는 것을 그치지 않고, 인간 이성을 끊임없이 항상 제거될 필요가 있는 혼란에 몰아넣는 그런 변증학"(B355)이다. 그렇기 때문에 칸트가 하려는 비판 작업은 가상에 대한 제거가 아니라 가상에 대한 지적인 비판이며 인간 이성의 올바른 사용에 대한 제시가 될 것이다.

초월적 가상의 자리인 순수 이성

잠깐 이성의 의미에 대해 간단하게 짚고 넘어가야 하겠다. 지금까지 감성과 지성만 이야기했지 이성에 대해서는 제대로 설명한 적이 없다. 가장 넓은 의미의 이성은 감성, 지성, 상상력, 이론 이성, 실천 이성 등을 모두 포함한 인간의 포괄적 인식 능력을 말한다. 즉, 인간의 사고 활동 일체를 이성 활동으로 표현한다. 『순수이성비판』에서의 이성은 이론 이성과 실천 이성으로 구분된다. 실천 이성은 윤리적 판단과 관련된 것이므로 『실천이성비판』의 주제이다. 『순수이성비판』은 이성 능력을 다룬다. 이성 능력, 즉 이성은 원리들에 대해서 추론하는 능력을 말한다. 이성은 원리를 추론하기 때문에 필연적으로 가상이 발생한다. 가상은 현상과 사물 자체를 혼동한다. 이러한 혼동은 감각적 직관은 무시한 채, 개념을 대상으로 삼아 사고를 진행함으로써 발생한다.

"우리의 모든 인식은 감관에서 시작해서 지성으로 나아가고 이성에서 끝이 난다. 직관의 재료를 가공하여 사고의 최고 통일로 보내는 일을 하는 것으로 우리 안에 이성 이상의 것은 없다."(B355) 칸트에게 이성은 통일의 기능이 무엇보다 중요하다. 그것도 사고에서 최고의 통일이 이성의 기능이다. 칸트는 앞서 "지성들은 규칙"들의 능력이라고 설명했다. 여기서는 이성을 "원리들의 능력"이라고 이름 붙여 둘을 구별한다.(B356)

이성은 원리들의 능력이기 때문에 결코 경험이나 대상을 다루지 않는다. 대신 지성을 다루는데 지성은 개념으로부터 종합적 인식을 전혀 만들어낼 수가 없다. 물론 현상들을 종합하는 것은 지성이지만 지성은 인과적인 현상에 대해서만 규정한다. 그러나 이성은 자연 전체의 목적이 무엇인지, 세계의 원리가 무엇인지 하는 총괄적 사유에 관심이 있으며 총괄적 사유를 한다. 지성이 세계의 시초에 관한 질문이나 영혼의 불멸, 자유의 유무에 관한 질문을 하면서 경험의 한계 바깥으로 자신의 능력을 확장하게 되고 그 때문에 변증적 가상이 발생한다. 칸트에게 '변증적'이라는 의미는 객관적 실재성과 타당성이 부족한 궤변적인 성격이다.

이성의 논리적 사용

사람들은 인식하는 것과 추리하는 것을 구분하는데 이성은 추리하는 능력을 갖고 있다. 칸트는 매개념을 굳이 끌어들이지 않고 분석하지 않아도 되는, 즉 추리가 필요없는 '지성 추리'

와, 매개념도 필요하고 대전제, 소전제가 필요한 '이성 추리'를 구분한다. 예를 들어 '모든 사람은 죽는다'는 명제에서 당연히 '약간의 사람은 죽는다' 혹은 '죽는 약간의 것은 사람이다' 혹은 '죽지 않는 것은 사람이 아니다'와 같은 명제가 직접적으로 귀결된다. 이러한 추리들을 '지성 추리'라고 한다. 이에 비해 '모든 학자는 죽는다'는 '모든 사람은 죽는다'에서 곧바로 도출될 수 없다. 학자라는 개념이 이 명제에 나타나지 않았기 때문이다. 이때 '모든 학자는 인간이다'라는 매개념이 필요하며 이는 소전제이다. 이렇게 매개념이 필요한 추리를 이성 추리라고 한다. 이성 추리에는 정언적 이성 추리, 가언적 이성 추리, 선언적 이성 추리가 있다.

이성은 추리의 본성 때문에 자신의 판단의 보편적 조건을 무한의 차원까지 확장하는 특성이 있다. '모든 학자는 죽는다'는 결론을 가능하게 하는 판단이 '모든 사람은 죽는다'는 대전제였듯이, 이성은 모든 특수한 조건을 가능하게 하는 더 보편적인 조건으로 향해 간다.

또한 이성은 원리를 추구하기 때문에 필연적으로 가상을 발생시킨다. 가상은 현상과 사물 자체를 혼동하고 감각적 직관은 무시한 채, 개념 자체를 대상으로 삼아 사고를 진행함으로써 발생한다. 앞서 설명했듯이 가상은 단순한 착각이 아니다.

원인과 결과를 현상에 적용시켜야 하는데 이 개념 자체를 대상으로 삼아 계속 사유하기 때문에 가상은 발생한다.

그런 사유는 어떤 것일까. 어떤 결과가 있다면 반드시 원인이 있다. 그렇다면 그 원인을 있게 한 원인이 또 있을 것이다. 원인에는 또 원인이 있을 것이고 원인은 무한으로 소급해 올라갈 것이다. 그렇다면 우리는 언제 멈추어야 할까. 무한히 거슬러 올라가는 것이 참일까, 아니면 최초의 원인을 상정하고 그만 멈추는 것이 참일까. 이러한 사유들이 이성이 하는 일이다. 사유의 결과 무한성, 최초의 원인 신 등의 개념이 출현할 수밖에 없는데 이러한 개념을 이성 개념이라고 부르며 간단하게 '이념'이라고 부른다.

초월적 이념들에 대하여

순수 이성은 자신만의 선험적인 개념들의 원천을 갖는데 이것을 '초월적 이념'이라고 부른다.(B378) 초월적 이념은 경험 전체에서 지성 사용을 원리들에 따라 규정하는 것이다. 순수 지성이 자신의 개념으로 범주를 가졌다는 것을 우리는 앞에서 보았다. 칸트는 이념에는 감관에 주어지는 대상이 없다고 밝힌다. 플라톤의 이데아(idea)에 영향을 받은 이념은 경험과 관계없이 순수 사유의 결과물이라는 뜻을 따르고 있다. 따라서 순수 이성 개념들은 초월적 이념이다.

'초월적 이념'은 이성 추리에서 선험적인 인식의 조건들 전체라는 개념을 포함하고 있다. '가이우스는 죽는다'는 명제는 경험으로부터 지성만을 가지고도 얻어낼 수 있다. 그러나 판단의 대전제로 '모든 사람은 죽는다'는 명제를 만들 듯이 죽음이라는 술어의 대상이 되는 가이우스에서 모든 사람으로 확장하면서 이성적 추리가 구성된다. '가이우스'는 '모든 사람'에서 특정한 조건에 의해 제한된 대상인데, 이처럼 가이우스보다 더 넓은 개념, 제한을 덜 받는 것, 더 보편성을 띠는 외연 전체를 규정하고자 하는 것이 이성의 특성이다. 그래서 초월적 이성 개념은 조건들 전체를 가능하게 하는 무조건자라는 개념을 통해 종합한다.

칸트가 말하는 무조건자는 셋이 있다. 첫째, 주관에서 정언적 종합의 무조건자. 둘째, 하나의 계열을 이룬 연쇄 항들의 가언적 종합의 무조건자. 셋째, 한 체계에서의 부분들의 선언적 종합의 무조건자.

초월적 이성은 초험적이고 모든 경험의 한계를 넘어간다. 그러므로 그 안에서는 결코 초월적 이성에 일치하는 대상이 나타날 수 없다. 그래서 초월적 이성의 대상은 '이념'이다. 감관에 주어지는 것들만이 아니라 감관에 주어질 수 없는 것들까지 포괄해서 그 전체를 사유하려는 것이 이념이기 때문이다. 이성의 작업은 객관을 규정하는 것도 아니고 대상을 인식하는 것도 아니다. 그럼에도 이성은 지성을 확장하고 통일하는 규준으로 쓰인다. 그리고 칸트는 초월적 이념의 진정한 쓰임새를 "어쩌면 이 초월적 이성 개념들은 자연 개념들에서 실천적 개념들로 이행하는 것을 가능하게 해주고, 그렇게 해서 도덕적 이념들 자체에 기준을 제공하고 또 이성의 사변적 인식들과의 연관성을 제공하는 것인지도 모르겠다"(B386)라며 도덕적 실천에 두고 있음을 밝히고 있다.

무조건자를 찾는 초월적 이념은 다시 다음과 같이 표현될 수 있다. 첫째, 사고하는 주관의 절대적 통일. 둘째, 현상의 조건들의 계열의 절대적 통일. 셋째, 사고 일반의 모든 대상들의 조건의 절대적 통일.

사고하는 주관에서 무조건자를 찾으면 영혼론(심리학)의 대상이고, 현상들의 총합(곧, 세계)에서 무조건자를 찾으면 우주론의 대상이고, 사고될 수 있는 모든 것을 가능하게 하는 최상의 무조건자를 찾으면 신학의 대상이 된다. 그러므로 순수 이성은 초월적 영혼론, 초월적 우주론(세계학), 초월적 신학(신 인식)을 위한 이념을 제공한다. 이것이 바로 각각 영혼의 불사성, 자유, 신이라는 형이상학적 주제이다. 앞에서 이성이 빠질 수밖에 없는 오류들에 대해 언급했는데 앞으로 이 오류들에 대해서 하나씩 짚어볼 것이다.

사고하는 주관에서 무조건자를 찾는 초월적 오류 추리는 형식상 허위적으로 추리하므로 궤변적이다. 그러나 초월적 오류 추리는 형식상 허위적으로 추리하는 초월적 근거를 갖는다.(B399) 또한 그 같은 오류 추리는 인간 이성의 자연 본성에 근거를 가지고 있으며 해결할 수 없는 것은 아니고 불가피한 환상을 동반한다. 칸트는 이런 사변적 이성 추리를 세 부분으로 나눈다. 먼저 '초월적 오류 추리(paralogism)'에서는 '영혼처럼 아무런 잡다도 함유하지 않은 주관 자체의 절대적 통일성'을 추리한다. 둘째로 현상들의 절대적 계열, 즉 우주(세계)에 대한 잘못된 추리로 순수 이성의 이율배반(antinomi)이 등장한다. 가령 '세계에는 시간상 시초가 있다'는 무조건적 추리가 모순적이라는 이유로 '세계에는 시간상 시초가 없다'라는 반대쪽 계열의 통일성을 추리하는데, 문제는 이 두 가지 모두에 대해서 우리가 그 어떤 개념도 가질 수 없다는 것이다. 그래서 이율배반이다. 끝으로 우리에게 주어지는 대상들로부터 사물 일반을 가능하게 하는 조건들의 절대적인 종합적 통일성을 추리하는

데, 신에 대한 추리로서 '순수 이성의 이상(idea)'이라고 부르는 변증적 추리이다.

나는 생각한다: 순수 이성의 오류 추리(영혼론)

영혼이 있느냐 없느냐에 관한 입장은 크게 유심론과 유물론으로 나뉜다. 유심론은 영혼의 존재를 인정하는 입장이고 유물론은 부정하는 입장이다. 대표적인 유심론자로 라이프니츠를 꼽을 수 있다. 라이프니츠에 의하면 단자들이 결합되어 삶이 성립하고 분리되면 죽음이 성립하는데 단자들 중 가장 탁월한 힘을 지닌 단자는 영혼이다. 대표적인 유물론자로는 마르크스를 꼽을 수 있다. 마르크스는 고대 유물론적 전통에서 물질이 근원적이라고 주장하며 영혼을 부정한다.

데카르트는 유심론과 유물론을 결합한 이원론을 취하는데 무한 실체인 신이 유한 실체인 정신과 물체를 창조했다고 생각했다. 그러므로 인간을 제외한 존재하는 모든 것은 정신이거나 물체이다. 인간만이 정신과 물체의 결합체이다.

순수 이성의 오류 추리에서 다루는 개념은 '나는 생각한다'이다. '나는 생각한다'는 개념 역시 경험적인 것으로부터 떨어

유심론

유심론(唯心論)은 유물론과 정반대에 위치해 있다. 다시 말해 세계의 모든 것을 정신으로 환원 가능하다고 보는 학설이다. 따라서 정신을 실체로서 취하는 철학적 입장이라고 할 수 있다. 그런데 유심론에서 정신이란 뇌의 작용을 말하지 않는다. 데카르트가 유심론을 취했다고 하는 이유는 정신을 실체로 받아들였기 때문이다.

져 있으며, 우리가 표상하는 본성에 의해 두 가지 대상들을 구별하는 일에 종사한다. 사고한다는 '나'는 내감의 대상이고, 영혼(마음)이라고 부른다. 외감들의 대상인 것은 신체라고 부른다. 따라서 사고하는 존재자로서 '나'라는 표현은 영혼론(심리학)의 대상이다. 그런데 "이 심리학이 영혼에 관해서 모든 경험으로부터 독립해서, 모든 사고에서 나타나는 한에서 이 '나'라는 개념에서 추리될 수 있는 것 외에 더 이상 아무것도 알기를 요구하지 않을 때, 그것은 이성적 영혼론(심리학)이라고 부른다."(B400) 다시 말해서 모든 경험으로부터 독립해 사고하는 '나', 즉 영혼에 대해 다루는 분야를 영혼론이라고 한다.

칸트는 '나는 생각한다'는 이성적 영혼론의 유일한 원전(原典)이고 이성적 영혼론은 이로부터 그것의 전 지혜를 풀어야 한다고 본다. 이제 칸트는 범주표를 응용해 다음의 도식을 만들고 각각의 오류 추리를 비판하고 정리한다.

유물론

관념이나 영혼 같은 정신적인 것보다 물질이 더 근원적이라고 보는 유물론(唯物論)을 서양철학 사상 가장 먼저 주장한 철학자는 데모크리토스다. 그는 물질을 더 이상 쪼갤 수 없을 때까지 쪼개면 더 이상 분할할 수 없는 물질의 최소 단위가 된다고 했으며 이를 원자라고 했다. 이후 유물론은 베이컨과 홉스 같은 경험론자들의 사상에 일부 포함되어 전승되다가 19세기 카를 마르크스에 의해 확실하게 부활한다. 데카르트는 신체를 실체로 받아들였다는 점에서 유물론과 공통점이 있다.

1. 영혼(마음)은 실체이다(관계).

2. 영혼은 질적으로 단순하다(질).

3. 영혼은 다른 시공에 존재할지라도 수적으로 동일하다. 즉 하나이다(양).

4. 영혼은 공간 중에 있는 대상들과 상호 작용한다(양태).(B402)

이 요소들의 합성을 통해 순수 영혼론의 모든 개념들이 생겨난다. 내감의 대상인 실체는 비물질성, 즉 신체가 아님을 의미한다. 왜냐하면 실체란 시간의 변화에도 불구하고 변하지 않아야 하는데 신체는 변하기 때문이다. 또한 영혼은 질적으로 단순하기 때문에 소멸할 수 있을지 몰라도 훼손되거나 불순해질 수는 없다. 훼손된다는 의미는 훼손될 부분이 있다는 이야기인데 단순한 것은 부분이 없어서 훼손되거나 불순해질 수 없다. 따라서 단순 실체로서 불후(不朽)성이라는 개념을 제공한다. 또 지성적 실체로서 그 동일성은 인격성을 제공한다. 그리고 이 세 요소가 결합하여 정신성을 제공한다. 마지막으로 이 정신적 존재인 영혼은 신체와 사물들과 상호 작용을 한다는 점에서 생명성이 있으며, 생명이 시공적 제한을 받지 않으므로 영혼에 불사성을 부여한다.

그러나 바로 여기에, 학(學)이라고 잘못 여겨지고 있는 초월적 영혼론의 네 오류 추리의 기초에 놓을 수 있는 것은 완전히 공허한 표상인 '나'이다. '나'에는 아무런 내용도 없다. "이 표상에 대해서 우리는 결코 '그것은 하나의 개념이다'라고 말할 수 없으며, 그것은 모든 개념들과 함께하는 의식일 뿐이다."(B404) 그런데 사고들의 '초월적 주체=X'('나')는 단지 그것의 술어들인 사고들에 의해서만 인식되며, 자체적으로는 떼어냈을 때 최소한의 개념도 가질 수가 없다. '나'에 대해 판단하려면 '나'에 의해 인식된 표상을 언제나 사용할 수밖에 없으므로 '나'는 항상 표상의 주위를 빙빙 돈다. 표상을 가능하게 하는 것이 '나'라는 의식이지만 '나'를 경험하려면 다시 표상이 필요하다. 왜냐하면 이 표상에 대해서만 '나는 그것을 통해 어떤 무엇인가를 사고한다'라고 말할 수 있기 때문'(B404)이다. 의식 자체는 표상이 아니라 표상이 가능할 수 있는 조건이자 형식이다.

이성적 심리학은 영혼에 대한 진리를 주장하는 과학이라고 말하지만 사실은 오류이다. 칸트는 이러한 오류가 다음과 같은 네 가지의 오류 추리에서 나온다고 보았다. 그래서 칸트의 영혼론은 과거 영혼론에 대한 비판으로서 영혼론이다.

(1) 영혼의 실체성의 오류 추리에 대한 비판

대전제: 언제나 절대적 주어일 뿐 술어로 사용될 수 없는 것은 실체이다.

소전제: 생각하는 존재자로서 나는 언제나 절대적 주어이고, 나 자신은 술어로 사용될 수 없다.

결론: 그러므로 생각하는 존재자(영혼)로서 나는 실체이다.

범주들은 직관의 잡다가 적용되지 않는 경우에는, 그 자체로는 전혀 아무런 객관적 의미도 갖지 못하는 판단의 기능일 뿐이다. 모든 사물 일반에서 술어들과 규정들로부터 구별되는 것은 실체이다. 그런데 '나(나는 생각한다)'는 주체(주어)이고 사물에 대한 규정으로 쓰일 수 없다. 이 '나'라는 주어 개념에서는 발생도 소멸도 없이 계속 존속하는 실체 개념을 추리할 수 없다. 실체라는 개념은 원래 현상의 변화에도 불구하고 변하지 않는 어떤 것을 지칭한다.

따라서 실체성 오류 추리의 핵심적 오류는 다음에서 발생한다. "사고의 고정적인 논리적 주어를 속성의 실재적 주어라고 주장했기 때문이다."(A350) 우리는 언제나 '생각하는 나'를 실제적으로 이해하고 경험하려고 하는데 그 순간 우리는 그 생각하는 나가 아니라 생각하는 나에 의해 포착된 직관 표상들을 상대한다. 우리는 고정불변성이라는 속성을 가진 주체에 대해 최소한의 지식을 가질 수 없다. 데카르트는 '나는 생각한다'를 고정 불변적인 실체로 규정했지만 칸트가 보기에 그것은 표상들을 우리의 사고로 만드는 논리적 의식 이외에 다른 의미를 갖지 않는다.

칸트가 여기에서 주장하는 것은 영혼이 없다고 주장하는 것이 아니라, 다만 '영혼의 실체성 추리에 기반하여 영혼이 존재한다고 생각하는 것은 오류'라는 것이다. 칸트는 엄밀한 학의 입장에서 영혼의 존재 여부를 입증하거나 확증할 수 없음을 밝히고자 했다.

(2) 단순성의 오류 추리에 대한 비판

> 대전제: 어떤 사물의 작용이 많은 사물들의 작용의 결합으로
> 간주될 수 없다면, 그런 사물은 단순하다.
> 소전제: 영혼, 즉 생각하는 '나'는 그러한 것이다.
> 결론: 그러므로 생각하는 나(영혼)는 단순하다.

칸트는 단순성의 오류 추리의 문제점에 대해서 두 가지로 살펴본다. 첫째는 '단순성'의 차원에서 발생하는 문제에 대해서이고, 둘째는 물질과 구분되는 영혼의 특성의 차원에서 발생하는 문제에 대해서이다.

첫째, 칸트는 단순성의 차원에서 발생하는 문제에 대해 시를 예로 들어 설명한다. 한 편의 시에 들어 있는 모든 시구가 결코 하나의 전체 내용을 형성하는 것은 아니므로 여러 개로 나뉘어 있는 표상들은 하나의 전체적인 사고를 형성할 수 없다. '영변', '약산', '진달래꽃', '아름 따다', '가실 길에', '뿌리오리다'의 단어를 무작위로 모은다고 한들 김소월의 「진달래꽃」이 탄생할 수는 없고 마찬가지로 여러 개로 나뉘어 있는 표상들은 하나의 전체적인 사고를 형성할 수 없다. 그러므로 「진달래꽃」의 시상이 하나인 것처럼, 사고 내용은 다수 실체의 집합

이 아니라 단적으로 단순한 하나의 실체에서만 가능하다.

여기에서 증명의 핵심은 "하나의 사고 내용을 형성하기 위해서, 다수의 표상들은 사고하는 주체의 절대적 통일성(단일성) 안에 포함되어야 한다"(A353)는 데에 있다. 칸트는 이 명제는 '하나의 사고 내용'과 '사고하는 존재자의 절대적 통일성(단순성)'은 분석명제처럼 주어-술어 관계에 있는 분석명제로 다루어질 수 없다고 한다. 왜냐하면 하나의 사고 내용을 분석한다고 해서 사고하는 존재자의 통일성(영혼의 단순성)이 도출되지는 않기 때문이다. 다시 말해서 '하나의 사고 내용'은 주체의 절대적 통일에 의해서 가능할 수 있지만 함께 작용하는 실체들의 통합적 통일에 의해서도 가능하다.

또한 주체의 필연적 단일성을 경험에서 이끌어낼 수도 없다. 왜냐하면 경험은 아무런 필연성을 인식하게 해주는 것도 아닐뿐더러 단일성이란 개념은 경험의 영역을 넘어서는 것이다. 명백한 것은 비록 사고 내용 전체가 분할되어 있다고 해도 '나는 생각한다'가 가능하려면 주체인 '나'는 분할될 수도 분배될 수도 없다고 전제해야 한다.

그러므로 여기에서도 핵심은 '나는 생각한다'는 통각의 형식에 있다. '나는 생각한다'를 통해서 수많은 표상들은 '나'의 의식으로 통일된다. 따라서 이 통각은 인식의 주관적 조건으로서 우리에게 필연적으로 전제된 형식이다. 그러한 통각은 존재자 일반의 개념으로 보아서도 안 되고 경험할 수도 없다.

나 자신의 단순성은 실제로 '나는 생각한다'는 명제에서 추리된 것이 아니라 통각의 직접적인 표현으로 보아야 한다. 사실 데카르트의 추리 '나는 생각한다. 그러므로 나는 존재한다'는 동어반복이다. '단순한' '나(통각)'는 자기 안에 최소한의 잡다도 포함하지 않은 절대적 단일성이라는 것 이외에 아무것도 의미하는 것이 없다. 이 단순한 통각은 인식의 조건으로서 사고의 통일을 가능하게 한다.

둘째, 칸트는 단순성의 차원에서 발생하는 문제를 물질과 구별되는 영혼의 특성에서 이야기한다. 영혼의 단순한 본성에 대한 주장은 영혼이 소멸되는 물질과 구별되기 때문에 가능하다. 왜냐하면 영혼은 소멸되지 않기 때문이다. 그런데 만약 영혼과 물질을 구별할 수 없다면 이 주장 자체가 성립하지 않을 것이다. 물론 물질과 영혼은 다르다. 우리는 물질을 경험할 수 없다. 경험할 수 있는 것은 현상일 뿐이다. 현상은 우리 내부에 존재하는 표상이다. 만약 물질이 사물 자체라면 그것은 현상의 기초에 있는 예지적인 것일 터이고, 우리는 이것을 알 수 없기 때문에 물질과 영혼이 다르다고 말할 수조차 없다. 알 수 없는 것에 대해서는 말할 수도 없다.

우리는 물질에 대해 물질 그 자체를 알 수는 없고 표상만 알 뿐이다. 그러므로 사고하는 존재자로서 영혼이 사물 자체가 아니라 우리 안에 있는 표상들로 존재하는 물질과 동종적인가 아닌가 하는 물음은 그 자체로 이미 적절하지 않다. 물질(예지적인 것)은 영혼과 이종적이지만 우리는 이것에 대해 전혀 아는 바가 없으므로 구별 자체가 무의미하다. 따라서 영혼이 단순한 본성을 갖고 있다는 기초 개념은 어디에서도 확인할 수 없다.

(3) 인격성의 오류 추리 비판

대전제: 시간의 변화에도 자신의 수적인 동일성을 의식하고 있는 것은 인격이다.
소전제: 영혼은 수적인 동일성을 의식하고 있다.
결론: 그러므로 영혼은 인격이다.

인격성 추리에서 우리 바깥에 존재하는 대상의 수적 동일성을 인식하려면 그 대상이 시간의 변화 속에서도 고정불변하다는 사실을 알아야 한다. 그런데 우리는 의식하는 모든 시간 속에서 우리 자신을 통합적으로 의식한다. 인격의 동일성은 '나는 나'라는 의식이며, 나 자신의 의식에서 불가피하게 마주칠 수밖에 없다. 그런데 내가 만약 나를 타자의 관점에서 관찰한다고 생각해본다면 이 외적 관찰자는 나를 시간의 관점에서 고찰할 것이다. 그리고 관찰하는 나는 나의 감성을 통해 관찰되는 나의 변화하는 모습을 관찰한다. 내가 변하는 시간 속에서도 동일성으로 의식할 수 있었던 데 비해 관찰하는 나는 자신의 시간 속에서 나를 관찰하는 것이기 때문에 나의 객관적인 고정불변성을 추리하지는 못한다.

"그러므로 서로 다른 시간상에서의 나 자신에 대한 의식의 동일성은 오직 나의 사유와 그것들의 연관성의 형식적 조건일 뿐, 나의 주관의 수적 동일성을 전혀 증명하지 않는다."(A363)

대전제의 '수적 동일성'은 시간의 변화에도 불구하고 변화하지 않고 동일자로 남아 있는 것을 말한다. 그런데 시간적 조건하에 있는 것들은 모두 현상일 수밖에 없다. 그러므로 대전제에서 말하는 '수적 동일성'은 현상으로서의 대상을 말한다. 그러나 소전제의 수적 동일성은 현상으로서의 영혼이 아니다. 왜냐하면 현상으로서의 자아는 변화하는 자아이기 때문이다. 변화하는 자아를 동일한 자아로 통일시켜주는 것은 초월적 통각이다. 초월적 통각은 시간적 조건하에 있는 것이 아니라 오히려 초월적 통각에 의해 시간적 규정이 가능해진다. 왜냐하면 감성의 조건(시간과 공간)이나 지성의 조건(범주) 모두 초월적 통각에 기초해서만 가능하기 때문이다. 따라서 대전제의 '수적 동일성'을 갖는 인격은 시간상의 수적 동일성이므로 현상적 사물에 대한 것이고 소전제에서 영혼이 갖는 수적 동일성은 시간과 무관한 수적 동일성이므로 둘의 의미가 다르다. 따라서 위의 논리는 오류 추리이다.

(4) (외적 관계의) 관념성의 오류 추리: 초월적 영혼론의 넷째 오류 추리 비판

대전제: 그것의 현존이 주어진 지각들의 원인으로서만 추리될 수 있는 것은 의심스러운 실존만을 갖는다.

소전제: 그런데 모든 현상들은 그것들의 현존이 직접적으로 지각될 수는 없고, 주어진 지각들의 원인으로서만 추리될 수 있는 그런 종류의 것이다.

결론: 그러므로 외감의 모든 대상들의 현존은 의심스럽다. 이 불확실성을 나는 외적 현상들의 관념성이라 부르고, 이 관념성의 이론을 관념론이라 부른다. 이에 비하여 외감의 대상들이 확실할 수 있음에 대한 주장은 이원론이라 불리어진다.

위의 추리를 살펴보기 전에 먼저 검토할 것이 있다. 우리는 당연히 우리 자신 안에 나타나는 것만 직접 지각할 수 있고 우리 밖의 현실적 대상의 현존은 결코 확신하지 못한다. 다만 외적 표상이 우리에게 나타났다면 우리는 그 원인이 우리 외부에 존재하는 대상일 것이라고 추리할 뿐이다. 그러므로 데카르트가 가장 좁은 의미에서 모든 지각을 '생각하는 존재자로서 나는 있다'라는 명제에 국한한 것은 옳다. 외적인 것은 내 안에 있지 않으므로 우리는 그 현존을 추리할 뿐인데 언제나 주어진 결과에서 어떤 원인을 추리한다는 것은 항상 불확실하다. 왜냐하면 원래 결과란 언제나 하나 이상의 원인에서 생겨날 수 있는 것이기 때문이다. 데카르트가 방법적 회의를 할 때 이야기했던 생생한 꿈 이야기에서 바로 알 수 있다. 꿈속에서 따뜻한 난로에 몸을 녹이는 그 느낌은 너무도 생생할 수 있지만 깨보면 아무것도 아니다. 그러므로 외적 지각이 우리 내감의 유희에 불과한 것이나 아닌지 언제나 의문으로 남는다.

칸트는 관념론자를 "감관의 외적 대상들의 현존을 부정하는 사람이 아니라 경험을 통해서는 외적 대상들의 실재성을 확실하게 인지할 수 없다고 추리하는 자"(A368)라고 규정한다. 이 오류 추리를 위해서 칸트는 두 종류의 관념론, 즉 초월적 관념론과 경험적 관념론을 구별한다. 초월적 관념론은 현상들을 사물들 자체가 아니라 순수한 표상으로 보고, 시간과 공간은 단지 우리 직관의 감성적 형식일 따름이고, 사물 자체의 규정이나 조건은 아니라고 생각하는 이론이다. 이러한 초월적 관념론에 반대되는 것이 초월적 실재론이다. 이것은 시간과 공간을 우리 감성과는 독립된 것으로 보고 외적 현상들을 우리 감성에 독립적인 사물 자체라고 표상한다.

초월적 실재론은 나중에는 경험적 관념론이 된다. 이들은 감관의 대상들에 대하여, 감관 없이도 실존해야만 하는 것이라 잘못 전제했기 때문에, 우리의 모든 감관 표상들이 그것들의 현실성을 확신하기에는 불충분한 것이라 본다.

이에 반해 초월적 관념론은 경험적 실재론이 되는데 사람들이 부르듯이 이원론일 수 있다. 이들은 내 안의 표상들의 확실성, 즉 '나는 생각한다, 그러므로 나는 존재한다'는 것 이상을 상정하지 않고서도 물질의 실존을 인정한다. 초월적 대상은 내적 직관과 관련해서든 외적 직관과 관련해서든 알려지지 않는다. 문제가 되는 것은 초월적 대상이 아니라 경험적 대상으로, 그것이 공간에서 표상되면 외적 대상이라 일컬어지고, 오직 시간 관계에서만 표상되면 내적 대상이라 일컬어진다. 공간은 우리가 대상을 인식하는 선험적 조건이다. 만약 공간이 우리 바깥에 있는 것이라면 외적 대상은 우리에게 결코 주어지지 않는다. 나 자신에게 표상된다는 것 자체는 외적 대상들에 대한 충분한 증명이 된다.

철학적 우주론: 순수 이성의 이율배반

인간은 하늘을 보며 철학을 시작했다고 해도 과언이 아니다. 그래서 천문학과 철학의 역사는 어느 것이 먼저라고 할 것이 없을 정도다. 철학에서는 우주의 본성이 무엇인가에 대해 끊임없이 물어왔으며 이에 해당하는 대표적인 질문은 '우주에는 시작과 끝이 있을까' 하는 것이다. 예부터 철학자들은 철학적 우주론이라는 문제에 대해 주장들을 펼쳤는데 칸트의 대답은 '이율배반과 만난다'는 것이다. 이율배반이란 정립 명제와 반정립 명제가 동시에 참이거나 동시에 거짓인 경우를 말한다. 일반적인 경우라면 이런 일은 성립하지 않는다. 예를 들어 '눈이 온다'는 명제와 '눈이 오지 않는다'는 명제는 동시에 참이거나 동시에 거짓이 될 수 없다. 그러나 '우주에는 시초가 있다'는 명제와 '우주에는 시초가 없다'는 명제는 가능하다는 것이 칸트의 주장이다. 그러므로 칸트는 우주론의 문제에 대한 가장 올바른 대답은 이율배반이라고 결론짓는다. 그러면 이제 그 유명한 이율배반에 대해 살펴보자.

(1) 첫 번째 이율배반

> 정립: 세계는 시간상 시초를 가지고 있으며 공간적으로도 한
> 계로 둘러싸여 있다.
> 반정립: 세계는 시초나 공간상의 한계를 갖지 않으며, 오히려
> 시간적으로나 공간적으로나 무한하다.

1) 정립에 대한 증명

칸트는 "세계가 시간상 아무런 시초도 갖지 않는다고 가
정"(B454)해보자고 한다. 그렇다면 주어진 어떤 시점에서 이미
영원이 경과했을 것이다. 현재를 기준점으로 잡아서 생각해보
면 현재 이전에 무한이 있다. 다시 말해서 무한계열이 흐른 것
이다. 그러나 계열의 무한성은 계열이 순차적으로 연이은 종
합에 의해서 결코 완결될 수 없는 데에 성립하는 것이다. 현재
이전에 어떤 영원이 있다면 현재는 결코 시작할 수 없다. 따라
서 "무한히 흐른 세계 계열"이라는 것 자체가 불가능하다. "그
러므로 무한히 흐른 세계 계열은 불가능하며, 그러니까 세계의
시초는 세계 현존의 필연적 조건이다."(B454)

공간에 대해서도 마찬가지로 이야기할 수 있다. 모든 공간들을 채우는 세계를 하나의 전체로서 생각하기 위해서는 무한한 세계의 부분들의 순차적 종합이 완결된 것으로 간주해야한다. 즉, 동시에 실존하는 모든 사물들을 낱낱이 헤아리는 데무한한 시간이 경과한 것으로 간주해야 한다. 그러나 이러한일은 불가능하다. "세계는 공간적인 측면에서 연장적으로 무한하지 않고 한계에 둘러싸여 있다."(B458)

2) 반정립에 대한 증명

칸트는 세계에 시초가 없다고 하는 반정립을 증명하기 위해 먼저 세계가 시초를 갖는다고 가정한다. 시초란 세계가 있지 않던 시간, 즉 빈 시간이 선행할 수밖에 없는데 빈 시간 속에서는 어떤 사물도 발생할 수 없다. 왜냐하면 현존의 구별, 즉발생과 변화를 보여주려면 앞선 시간과의 차이가 있어야 하는데 시간 자체가 없으니 그런 구별이 불가능하기 때문이다. 따라서 "세계 안에서 사물들의 많은 계열이 시작할 수는 있지만세계 자신이 시초를 가질 수는 없고, 지나간 시간과 관련해서생각하면 무한"(B456)하다고 해야 한다.

칸트는 공간에 관해서도 마찬가지로 세계가 공간적으로 유한하며 한계가 있다고 가정해보자고 한다. 그렇다면 세계는 한계가 없는 빈 공간 안에 있는 셈이다. 그런데 세계란 절대적 전체이다. 즉 세계 밖에서는 어떤 대상과도 마주칠 수 없어야 한다는 뜻이다. 그렇다면 세계가 세계 바깥의 빈 공간과 마주친다는 것은 세계 바깥에 세계가 관계할 아무런 대상도 없다는 뜻이다. 따라서 "빈 공간을 통해서 세계를 한계 짓는 것은 아무것도 아닌 것이다. 그러므로 세계는 공간적으로 전혀 한계가 없다."(B458)

(2) 두 번째 이율배반

> 정립: 세계 내의 모든 합성된 실체는 단순한 부분들로 이루어져 있고, 어디에서나 단순한 것이거나 단순한 것으로 합성된 것만이 실존한다.
> 반정립: 세계 내의 어떤 합성된 사물도 단순한 부분들로 이루어져 있지 않고, 세계 내에서 단순한 것은 실존하지 않는다.

1) 정립에 대한 증명

칸트는 합성된 실체가 단순한 부분들로 구성되어 있지 않다고 가정해보자고 한다. 만약 합성이 폐기된다면 아무런 합성된 부분도 남지 않을 것이고, 아무런 단순한 부분도 남지 않을 것이므로 결국 아무것도 남지 않을 것이다. 합성이 해체된다는 것은 아무것도 없고 실체도 없다는 것이다. 그렇다면 우리는 합성을 폐기한다는 것은 불가능하거나 합성된 것들의 폐기 이후에도 단순한 것이 남을 수밖에 없다고 생각해야 한다.(B462)

따라서 세계의 사물들은 모두 단순한 존재자들이고, 합성은 오로지 이것들의 외적 상태이다. 우리가 요소 실체들을 결합된 상태에서 완전히 떼어내어 분리할 수 없다고 하더라도 이성은 이 요소 실체가 모든 합성체의 제일 주체들, 즉 합성체에 앞서 있는 단순한 존재자들로서 생각할 수밖에 없다.

2) 반정립에 대한 증명

칸트는 어떤 합성된 사물이 단순한 부분들로 이루어져 있다고 가정해보자고 한다. 모든 외적인 관계, 즉 실체들의 모든 합성은 공간에서만 이루어지므로 합성된 것이 차지하는 공간도 합성된 수만큼 있어야 한다. 합성된 것의 각 부분은 한 공간을 차지해야 하는데 모든 공간은 아무리 작은 공간이라도 단순한 부분들로 이루어진 것이 아니라 무수한 공간들로 이루어져 있다. 그렇다면 단순한 것 안에 잡다(무수한 공간)를 내포해야 하는 셈이다. 이는 단순한 것이 실체적인 합성체라는 말이 되기 때문에 모순이다.

(3) 세 번째 이율배반

정립: 자연의 법칙에 따르는 인과성은 그로부터 현상들이 모두 도출될 수 있는 유일한 것이 아니다. 현상들을 설명하기 위해서는 자유에 의한 인과성 또한 반드시 받아들여야 한다.

반정립: 자유는 없다. 오히려 세계에서 모든 것은 오로지 자연 법칙들에 따라서 발생한다.

1) 정립에 대한 증명

칸트는 자연법칙적 인과성만 있다고 가정한다면 발생하는 모든 것은 그 발생을 규정하는 어떤 앞선 상태를 전제해야 한다고 본다. 하나의 앞선 상태를 전제하면 또다시 더 앞선 상태를 전제해야 한다. "그러므로 만약 모든 것이 자연법칙에 따라서만 발생한다면 항상 단지 제2의 시작이 있을 뿐, 제1의 시작은 없다."(B472) 그렇기 때문에 뒤이어 나오는 원인들 쪽 계열에서 완결성은 있을 수가 없다. 그러나 자연법칙은 충분히 선험적으로 규정된 원인 없이는 아무것도 발생하지 않는다. 그러므로 모든 인과성이 자연법칙에 따라서만 가능한 것처럼 말하는 명제는 원인 쪽 계열의 무한성으로 인해 성립할 수 없다. 그러므로 이런 자연법칙에 따르는 인과성이 유일한 것으로 받아들여질 수는 없는 것이다.

2) 반정립에 대한 증명

초월적 자유가 있다고 가정하면, 어떤 계열은 자신의 절대적 시작을 자유의 인과성에서 가질 것이다. 이제 여기서 발생하는 활동을 항구적인 법칙들에 따라 규정하는 그 어떤 것도 선행하지 않는다. 그러나 활동하는 시작은 아직 활동하지 않은 원인의 상태를 전제한다. 또 활동의 역학적 시작은 그 선행하는 상태에서 나온 것이 아닌 어떤 상태를 전제한다. 이는 인과법칙에 어긋난다. 그러므로 초월적 자유는 인과법칙에 어긋난다. 인과법칙은 작용하는 원인들의 순차적인 상태들의 일종의 결합인데, 선행 원인과 관련을 갖지 않는 상태에서는 아무런 경험의 통일도 가능하지 않다. 경험의 통일이란 이미 순차적인 상태들의 결합과 종합이어야 한다. 따라서 자유란 그 어떤 경험에서도 발견되지 않는 것이며, 공허한 사고의 산물에 불과하다.

(4) 네 번째 이율배반

정립: 세계에는 그것의 부분으로서든 그것의 원인으로서든

단적으로 필연적인 존재자인 어떤 것이 있다.

반정립: 단적으로 필연적인 존재자는 세계 안이든 세계 밖이든 어디에도 그것의 원인으로서 실존하지 않는다.

1) 정립에 대한 증명

칸트는 현상들의 전체인 감성 세계는 변화의 계열을 포함하는데 이 "변화의 계열이 없다면 감성 세계의 가능 조건인 시간 계열의 표상이 우리에게 주어지지 않을 것"(B480)이라고 한다. 모든 변화는 시간상 선행하는 조건을 바탕으로 이루어진다. 그리고 주어져 있는 모든 조건적인 것은 단적으로 무조건적인 것에 이르는 조건들의 완벽한 계열을 전제한다. 따라서 절대적으로 필연적인 것은 완전한 계열이 가능하려면 어떤 것은 반드시 실존해야 한다는 것이다. 그리고 실존은 감성 세계에 속하는 것이다. 왜냐하면 시간 계열의 시초가 감성 세계 밖에 있다고 가정하면 이 필연적인 원인 자체가 감성 세계에 속하지 않음에도, 이것에서 세계 변화들의 계열이 그 시초를 이끌어내는 결과를 가져올 것이기 때문이다. 그런데 이런 일은 불가능하다. 그러므로 변화들의 필연적 원인은 현상들의 시간에 속해야 한다. 그리고 세계 자신에는 세계 자신이든 그 일부든 단적으로 필연적인 것이 포함되어 있어야 한다.

2) 반정립에 대한 증명

칸트는 세계 자신이 필연적 존재자이거나 세계 안에 필연적 존재자가 있다고 가정해보자고 한다. 그러면 변화들의 계열 중에 무조건적으로 필연적인 존재, 즉 원인이 없는 시초가 있거나 그 계열 자체가 일체 시초가 없는 그런 것이 될 것이다. 그런데 원인이 없는 시초가 있다는 것은 우연적이라는 것인데, 전체에서는 단적으로 필연적이며 무조건적이라고 한다면 이것은 자기모순이다.

반대로 필연적인 세계 원인이 세계 밖에 있다고 가정해본다면 이 세계 원인은 변화들의 원인의 계열에서 최상의 항으로서 그 다음 항의 시작을 결정할 것이다. 그러나 이렇게 되면 세계 원인들의 계열에서 최상의 항은 이미 현상들의 총괄에, 다시 말해 세계에 속해야만 한다. 그러므로 그것 자신, 곧 원인은 세계 밖에 있어서는 안 된다. 이것은 전제와 모순된다. 그러므로 필연적인 존재자는 세계 안에도 세계 바깥에도 존재하지 않는다.

철학적 신론: 순수 이성의 이상

"사람들이 (신의 현존을 증명하려는) 의도에서 택할 만한 모든 길은, 첫째, 일정한 경험 및 그를 통해 인식된 우리 감성 세계의 특수한 성질에서 시작하여, 그로부터 인과성의 법칙들을 따라 세계 밖에 있는 최고 원인에까지 올라가는 길이 하나 있다. 둘째, 오로지 불특정한 경험, 즉 여느 현존재를 경험적으로 기초에 두거나, 셋째 모든 경험을 도외시하고 순전히 개념들로부터 선험적으로 최고의 원인의 현존을 추리하거나이다. 첫째 증명은 물리신학적 증명(목적론적 증명)이며, 둘째 것은 우주론적 증명이며, 셋째 것은 존재론적 증명이다. 더 이상의 증명은 없고, 있을 수도 없다."(B618~619)

목적론적 증명, 우주론적 증명, 존재론적 증명으로 불리는 신 존재 증명이 중세를 거쳐 진행되어왔던 신 존재 증명의 방식들이다. 이 중에 성공한 방식은 어떤 것일까. 칸트는 인간 이성은 신의 현존을 증명할 수 없다고 단언했다.

(1) 신의 현존에 대한 존재론적 증명의 불가능성

기하학의 모든 명제, 예를 들어 '삼각형은 세 각을 갖는다'

는 명제는 필연적인 판단이다. 그런데 '삼각형은 세 각을 갖는다'는 사실을 우리는 판단으로부터 취한 것이지 반드시 그렇게 존재하는 삼각형에서 얻은 결과는 아니다. 왜냐하면 "판단의 절대적 필연성은 단지 사물 또는 판단에서의 술어의 조건적인 필연성일 뿐이기 때문"(B621)이다. 따라서 '삼각형은 세 각을 갖는다'는 명제는 세 각이 삼각형과 관계없이 단적으로 필연적으로 존재한다는 것이 아니라, 하나의 삼각형이 '현존한다면(주어져 있다면)' 그 삼각형 안의 세 각도 반드시 현존한다는 것을 말한 것뿐이다. 그럼에도 불구하고 사람들은 이런 명제들로부터 사물들이 필연적으로 현존한다고 착각한다.

논리적 필연성에 불과한 판단이 현존의 성립에 대한 믿음을 주게 되는 것이다. 만약 '삼각형은 세 각을 갖는다'에서 '세 각'을 제거한다면 삼각형과 모순이 생긴다. 하지만 술어(세 각)와 함께 주어(삼각형)도 제거하면 이제 아무런 모순도 생기지 않는다. 왜냐하면 삼각형이 없어졌으니 세 각이 있을 이유가 없기 때문이다. 삼각형을 정립하면서도 그것의 세 각을 제거한다는 것은 모순이지만 세 각과 함께 삼각형을 제거하는 것은 아무런 모순도 아니다.

'절대적으로 필연적인 존재자(주어)는 현존한다(술어)'라는 명제에서도 우리는 위의 경우와 마찬가지로 생각해볼 수 있다.

이 명제에서 필연적인 존재자의 실존을 제거한다면 그와 함께 모든 술어도 제거된다. 그러면 이 명제는 모순될 일이 없다. 왜 냐하면 그 사물은 외적으로 필연적으로 있는 것이 아니기 때 문에 모순되지 않기 때문이다. 또 내적으로 모순될 것이 없는 데 왜냐하면 그 사물 자신을 제거함으로써 모든 내적인 것을 동시에 제거했기 때문이다. '신은 전능하다'는 필연적인 판단 이다. 만약 전능함이라는 개념과 함께 무한 존재자를 정립한다 면 전능함은 제거될 수가 없다.(B623) 그러나 '신은 있지 않다' 고 말한다면 전능함이 주어질 일이 없다. 그것들은 모두 주어 와 함께 제거되어 있기 때문이다. 이렇기 때문에 신이 존재한 다는 전제하에서만 '신은 전능하다'는 명제는 타당하다.

'신은 전능하다'라는 명제는 두 개념, 즉 신과 전능을 포함 한다. 그런데 이 명제는 주어(신)를 분석하면 술어(전능)가 나오 는 분석명제이기 때문에 무언가가 새롭게 보충된 내용이 아 니다. 다시 말해서 개념상 모순이 없는 명제이다. 그러나 이렇 게 가능성을 표현하는 개념에 우리가 그 대상이 있다고 해서 더 이상 보탤 수 있는 것도 없다. 현실적인 신이 가능적인 신 보다 더 많은 내용을 포함하지도 못했다는 것이다. 위의 판단 은 종합 판단이 아니다. "그렇기에 현실적인 것은 한낱 가능 적인 것 이상은 아무것도 포함하지 않는다. 현실적인 100탈러는 가능적인 100탈러보다 조금이라도 더 포함하는 것이 없다."(B627) 다시 말해서 '현실적'으로 생각한 100탈러가 '개념적'으로 생각한 100탈러보다 뭔가 새로운 것을 포함하는 것은 아니다.

최고 존재자라는 개념은 많은 관점에서 매우 유용한 이념이다. 그러나 그저 이념에 불과하기 때문에 이념을 통해서는 실존에 대한 인식에 이를 수 없다. 실재성들은 종합적 인식을 가능하게 하는 경험 중에서 찾아져야만 한다. 그럼에도 불구하고 라이프니츠는 그 고귀한 이상적 존재자의 실재 가능성을 선험적으로 통찰하고자 했으나 전혀 성취하지 못했다.(B630) 따라서 신의 현존을 개념(완전성)을 통해 증명하려고 한 데카르트의 존재론적 증명도 헛된 것이었다. "한 인간이 순수한 이념들로부터 통찰을 더 늘리고자 해도 할 수 없는 것은, 한 상인이 그의 재산 상태를 개선하기 위해 그의 현금 잔고에 0을 몇 개 덧붙이고자 해도 그의 재산이 늘지 않는 것과 마찬가지"(B630)이다. 결국 이념을 통해 실존을 증명할 수는 없다.

(2) 신의 현존에 대한 우주론적 증명의 불가능성

앞의 존재론적 증명에서는 최고 실재성이라는 개념을 통

해 신의 현존의 필연성을 추론했다. 이에 비해 신의 현존에 대한 우주론적 증명은, 무조건적 필연성으로부터 무제한적 실재성을 추론한다. 라이프니츠가 "세계의 우연성에 의한 증명"(B632)을 한 것이 이것이다.

칸트가 말하는 우주론적 증명이란 다음과 같다. "무엇인가가 실존한다면 하나의 단적으로 필연적인 존재자도 실존해야만 한다. 그런데 최소한 나 자신만은 실존한다. 그러므로 하나의 절대적으로 필연적인 존재자가 실존한다."(B632) 이러한 추론은 "인과성의 초월적 자연법칙"이라고 한다. 곧 모든 우연적인 것은 그 원인을 갖고, 그 원인이 다시 우연적인 것이라면, 그 역시 원인을 가질 수밖에 없다. 결국 이 계열은 단적으로 필연적인 원인에서 종결될 수밖에 없다. 이런 필연적인 원인이 없으면 그 계열은 완벽성을 가질 수 없다.

위의 증명에서 대전제와 소전제 모두 무언가의 실존을 전제하고 있다. 그리고 이 증명은 본래 경험에서 출발한다. 증명자체가 선험적으로 수행된다거나 존재론적인 것이 아니다. 그리고 모든 가능한 경험의 대상은 세계라고 불리어지므로 위의 증명은 우주론적 증명이라고 한다. 다시 말해서, 최소한 나 자신의 실존이 확실하다면 나의 실존을 가능케 한 원인이 있어야 하고, 이 계열의 완벽성을 위해서 최종적 원인인 절대적으로 필연적 존재자도 실존해야 한다는 말이다. 우주론적 증명은 필연적인 존재자에 대해 다음과 같이 말한다. "한 사물에 대해서 그것을 선험적으로 일관되게 규정하는 개념으로는 단 하나만이 가능하다. 그것은 곧 최고 실재 존재자라는 개념이다. 그러므로 최고 실재 존재자 개념은 그에 의해 필연적 존재자가 생각될 수 있는 유일한 개념이다. 즉 최고 존재자는 반드시 실존한다."(B633)

그런데 칸트는 여기서 "최고 실재성을 갖는 존재자"라는 개념은 "현존에 있어 절대적 필연성"이라는 개념을 완전히 만족시킨다고 말한다.(B635) 다시 말하면 최고의 실재성을 전제한다는 것은 그 실존이 필연적이라고 주장하는 것과 마찬가지라는 것이다. 이미 최고로 실재한다고 하는 것은, 또한 현존한다는 것은 필연적이다. 반대로 실재하지 않는다면 필연적으로 현존할 필요도 없다.

따라서 우주론적 증명은 존재론적 증명의 계열에 속한다. 경험을 통해서 사물의 필연성을 밝힐 수는 없는 것이다. 원인의 무한 계열은 불가능하므로 제일의 원인이 있어야 한다는 추론은 경험에서 사용할 권한이 없다. 더구나 경험 너머에서도 사용할 권한이 없다. 따라서 내적인 모순 없이 모든 것이 통합될 수 있는 존재라는 개념은 논리적으로만 가능할 뿐 경험적으로 확인할 수 있는 것이 아니다.

(3) 물리신학적 증명의 불가능성

우리가 살고 있는 세계는 다양성과 질서 합목적성 및 아름다움을 펼쳐 보인다. 인간은 세계의 아름다움 앞에서 언어 표현에 한계를 느끼고 사유는 힘을 잃는다. 인간은 세계의 아름다움에 대한 경탄에 녹아들 수밖에 없다. 곳곳에서 우리는 작용 결과들과 원인들의 연쇄, 목적들과 수단들의 연쇄, 발생과 소멸에서 합규칙성을 본다.(B650) 이러한 원인들의 연쇄에서 우리는 하나의 실존하는 원인을 생각할 수밖에 없다. 이 원인은 목적 의식을 갖고 있는 예지자로서의 자유이다.

이러한 추론은 인간의 기예(기술)가 산출한 것과의 유비를 통해 작동한다. 예를 들어 시계, 선박, 집 등은 인간이 특정한 목적 의식을 가지고 만든 사물들이다. 이러한 사실에 바탕을 두고 합목적적인 유비 추리를 해보면, 우리는 이 세계도 특정한 합목적성과 조화를 보여주는데 그것은 세계의 기초에 우리가 모르는 어떤 지성과 의지가 있기 때문이라고 여긴다. 그런데 이러한 유비를 통해서 우리는 "재료를 가공하는 세계 건축가에 제한해서 생각할 수 있을 뿐이지 세계 창조주를 생각할 수 없다."(B655) 이것은 사람들이 안중에 두고 있는 완전 충족적인 근원 존재자를 증명하려는 의도에는 다가가지 못하는 것이다.

그러므로 자연신학은 최상의 세계 원인에 대한 아무런 규정된 개념도 줄 수가 없고, 그래서 종교의 토대를 이룰 신학의 원리로는 충분하지 않다.(B656)

칸트는 최고 존재자인 유일한 근원 존재자의 현존에 대한 물리신학적 증명의 기초에는 우주론적 증명이 있지만, 우주론적 증명의 기초에는 존재론적 증명이 놓여 있다고 보았다.(B658) 그런데 칸트는 이 세 가지 길 이외에 사변 이성의 길은 더 이상 없으며, 만약 어디선가 모든 경험적 지성 사용을 훨씬 넘어서는 숭고한 명제에 대한 하나의 증명이 가능하다면, 순수한 이성 개념들에 의한 존재론적 증명은 유일하게 가능한 증명이라고 정리한다.

이율배반을 통하여 우리가 생각할 것들

우리는 앞에서 정립과 반정립이라는 팽팽한 이론적 대립을 보았다. 이율배반(antinomi)의 어원은 '법(nomos)'으로부터 유래

176

한다. 이것은 법 조항에서의 충돌을 의미한다. 칸트의 이론은 법정이다. 연역도 법적으로 따져 묻는 것이다. 이율배반에서는 네 가지 정립에 맞서는 각각의 반정립이 있었다. 이렇게 되면 어느 입장도 확실한 승리를 거둘 수 없다.

"이성은 자신을 회의론적 절망에 내맡기거나 또는 교조주의적 고집을 내세워 반대편의 근거를 듣지도 않고 공평하게 취급하지도 않은 채 완고하게 일정한 주장만을 앞세우려는 유혹에 빠진다. 양자 모두 건전한 철학의 죽음이며, 그중에서도 전자는 경우에 따라서는 순수 이성의 안락사라고 불릴 수도 있을 것이다.(B434).

칸트는 이율배반에 대한 분석을 통해서 안락사의 위기에 처한 철학을 구출하려 한 것이다.

인간이 아는 것을 넘어서, 희망하는 것으로 가기

인간 이성의 자연스러운 변증성의 궁극 의도

순수 이성의 이념들은 결코 그 자체로 변증적인 것은 아니다. 왜냐하면 이념들은 전체성과 통일성을 확보하려는 우리 이성의 자연 본성에 의해 우리에게 부과된 것이기 때문이다. 또한 이념은 근원적인 착각과 환영을 지니지 않는다. 순수 이성의 이념들이 최소한의 객관적 타당성을 갖는다면 그것의 연역이 전적으로 가능해야 한다. 칸트는 이 일이 "순수 이성의 비판적 과업의 완성"(B698)이라고 주장한다.

칸트는 "최고 예지자 개념은 순수한 이념"(B698)이라고 한다. 그러므로 이 개념의 객관적 실재성은 그것이 곧바로 대상과 관계 맺는 데 있는 것이 아니라 최대의 이성 통일의 조건들에 따라 대상을 정돈하는 도식에 있다. 세계의 사물들은 최고 예지자라는 도식을 통해 그것들의 현존을 갖는 것처럼 고찰된다. 또한 최고 예지자라는 도식하에서 경험 일반의 대상들의 성질과 연결을 어떻게 찾아야 하는지 알게 된다. 이런 이념이 없다면 경험적 인식은 지성의 사용에만 제한되었을 것이다. 이념은 우리 인식을 경험이 줄 수 있는 대상들 너머까지 확장하는 구성적 원리들이 아니라, 잡다한 경험적 인식 일반의 체계적 통일을 하는 규제적 원리들이다. 바로 여기에서 초월적 연역이 성립한다.

이제 우리는 영혼론적 이념과 우주론적 이념, 그리고 신학적 이념에 따라 그런 이념적 대상들이 객관적으로 존재하는 것처럼 생각한다. 그러나 칸트는 우주론적 이념은 예외라고 밝힌다.(B701) 왜냐하면 우주론적 이념의 경우 그것을 객관적이고 실체적인 대상으로 받아들이면 이율배반에 빠지기 때문에 그런 대상을 생각할 수 없다. 영혼론적 이념과 신학적 이념에는 모순이 없기 때문에 사람들은 객관적 실재성을 주장하려하지만, 그 객관적 실재성을 긍정하려는 자들이나 부정하려는 자들이나 가능성을 모르기는 마찬가지이다. 그러므로 그것의 실재성은 그 자체로 받아들여져서는 안 되고 규제적 원리라는 도식의 실재성으로 타당해야 하며 오직 현실적인 사물의 유비로서만 받아들여져야 한다.

칸트는 실재성, 실체, 인과성, 현존의 필연성이라는 개념은 대상에 대한 경험적 인식에서만 사용될 수 있다고 한다.(B707) 왜냐하면 이 개념들은 감성 세계 바깥에서는 적용되지 못하는 것이기 때문이다. 그런데도 우리는 이 개념들을 세계 바깥에 두기 때문에 이런 개념을 통해서는 아무런 규정적 의미를 파악할 수가 없다. 그렇기 때문에 이러한 개념들은 감성 세계 바깥에서 감성 세계의 체계적 통일이라는 용도를 가질 수 있다.

순수 이성은 사실 오직 자기 자신만을 다루며, 다른 일을 가질 수 없다. 순수 이성에게는 경험 개념의 통일을 위한 대상들이 주어지는 것이 아니라, 지성 인식들, 즉 이성 개념의 통일이 주어지기 때문에 오직 자신의 체계적 통일만 추구한다. 그럼에도 불구하고 이성이 경험적인 지성 사용에 줄 수 있는 체계적 연관성은 지성 사용을 촉진하고 동시에 지성 사용의 올바름을 보증하기도 한다. 그리고 이성은 규제적 원리로서 지성이 알지 못하는 새 길을 개방함으로써 이성의 경험적 사용을 무한하게 촉진하고 확립한다.

　이념의 체계적 통일의 기능에는 어떤 것들이 있을까. 그러한 이념의 첫째 객관은 사고하는 영혼으로 보여지는 나 자신이다. 나는 경험하는 중에 있어야 하고, 일체의 범주조차도 그것들의 도식이 감성적 직관에 주어져 있지 않는 한에서는, 단 하나도 이 대상에 적용할 수 없다. 그러나 이것으로서는 결코 내감의 모든 현상들의 체계적 통일에 도달하지 못한다. 그러므로 우리를 멀리까지 인도할 수 없는 경험 개념 대신 이성이 모든 사고의 경험적 통일이라는 개념을 취하고 이 통일을 무조건적이고 근원적인 것이라고 생각함으로써 단순하고 독립적인 예지자라는 이성 개념, 즉 이념을 만들어낸다.

　이성의 두 번째 규제적 이념은 세계 개념 일반이다. 무릇 자연은 본래 그와 관련해서 이성의 규제적 원리들을 필요로 하는 오직 유일하게 주어진 객관이다. 이 자연은 이중적으로 사고하는 자연이거나 물체적 자연이다. 이곳에서 조건들은 더 이상 현상들의 계열 안이 아니라, 현상들의 바깥에 놓일 수 있으며, 상태들의 계열은 마치 어떤 예지적 원인에 의해 시작된 것처럼 보일 수 있다. 이 모든 것은 우주론적 이념들이 규제적 원리들에 불과하며, 다시 말해서 구성적으로 그러한 계열들의 현실적 전체성을 정립하는 것과는 거리가 멀다는 것을 증명한다.

순수 이성의 세 번째 이념은 한 존재자를 모든 우주론적 계열들의 유일한 원인이라고 보는 신이라고 하는 이성 개념이다. 분명한 것은 최고로 완전한 존재자라는 이념은 우리로 하여금 모든 사변적인 이념들과 마찬가지로, 세계의 모든 연결을 체계적 통일의 원리들에 따라서 고찰하라고 명령한다. 이성 개념은 오직 "최고의 형식적 통일은 사물들의 합목적적인 통일이며, 이성의 사변적 관심은 필연적으로 세계 내의 모든 정돈을 마치 그것이 하나의 최고 최상의 이성의 의도로부터 유래된 것처럼 보도록 만"(B714)든다. 이성은 목적론적 법칙들에 따라 세계의 사물을 연결하고 그렇게 함으로써 사물들을 최대로 체계적인 통일에 이르는 전망을 열어준다.

칸트는 오직 이성 개념들이 근거를 두고 있는 최고의 형식적 통일은 사물들의 합목적적 통일이며, 이성의 사변적 관심은 이성의 의도로부터 유래된 것처럼 보도록 만든다고 한다.(B714) 그러한 원리는 곧 경험에 적용된 우리의 이성에게 목적론적 법칙들에 따라 세계의 사물들을 연결하고, 그렇게 함으로써 사물들을 체계적인 통일에 이르도록 하는 새로운 전망을 열어준다.

우리는 이성의 규제적 사용이라는 점에서 사물들의 자연 본성이 아닌 이성의 자연 본성에 관련된 질문들에 대해서는 분명히 답할 수가 있다. 첫째로, '과연 세계 질서 및 보편적 법칙들에 따르는, 이 세계와 구별되는 어떤 것이 있는가'(B724)하고 묻는다면 '의심할 여지가 없이 당연하다'고 대답해야 한다. 왜냐하면 세계는 현상들의 총합일 뿐이므로 순수 지성에 의해서만 생각될 수 있는 근거가 있어야 하기 때문이다. 둘째로, '이 존재자는 실체인가, 최대 실재성인가, 필연적인가 등등'(B724)이라고 묻는다면 '이런 질문은 무의미하다'고 대답해야 한다. 왜냐하면 실체라는 범주는 오직 경험적으로만 사용될 수 있기 때문이다. 마지막 셋째로, '과연 우리는 이 존재자를 경험 대상들과의 유추를 통해 생각해도 되는가?' 하고 묻는다면 '물론이다'라고 대답해야 한다, 단, 그것은 단지 이념에서의 대상으로서 그런 것이지 실재 대상으로서는 아니다.

이렇게 보았을 때, '유일하고 지혜롭고 전능한 세계 창시자를 상정할 수 있는가?'(B725) 하고 묻는다면 우리는 '전혀 의심할 여지 없이 당연하다'고 대답해야 한다. 하지만 그때 '우리는 우리의 인식을 가능한 경험의 분야를 넘어 확장하는가?'라고 묻는다면 '결코 그렇지 않다'고 대답해야 한다.

이제 '세계가 신적 의지로부터 세계를 의도적으로, 즉 합목적적으로 정돈한 것으로 생각해도 좋은가'라고 묻는다면, 그렇다고 대답해야 할 것이다. 다시 말해 사람들이 저 통일을 지각하는 곳에서는, 신은 지혜롭게도 그것이 그렇기를 원했다고 말하는 것이나, 자연이 그것을 지혜롭게 정돈했다고 말하는 것이나 완전히 똑같은 것이다.

칸트는 세계에 대한 인간의 인식 능력을 정확하게 확인하고 형이상학의 가능성을 탐구했다. 또한 신, 우주, 영혼의 가능성이 어디까지인지 그리고 그 가능성의 한계는 또 어디까지인지 알아보려고 노력한 철학자이다. 인간이 원하는 도덕적인 세계, 인간이 희망하는 합목적적인 세계, 미적 아름다움의 세계는 다음 『실천이성비판』과 『판단력비판』을 향해 나아갈 것이다.

3장

철학의 이정표

『데카르트 연구: 방법서설·성찰』
르네 데카르트, 최명관 옮김, 창, 2010

우리가 데카르트(Rene Descartes, 1596~1650) 하면 떠올리는 말은 근대 철학의 아버지 혹은 '나는 생각한다, 그러므로 존재한다' 혹은 합리론의 대가 정도일 것이다. 맞다. 데카르트는 서양의 중세를 지나면서 인간 이성에 믿음을 가지고 인간의 이성을 학문의 중심으로 세우려고 했던 근대 철학의 아버지였고, 그 중심에 생각하는 '나'를 놓아 인간 이성을 학문의 중심에둔 철학자이다. 또한 논리적이고 명석판명한 판단이 학문의 근본이라 생각한 수학자이기도 했다.

데카르트는 1596년 3월 31일 프랑스 투렌 지방에서 태어났다. 아버지는 부유한 법률가였고 브리타니 지방의 르네라는소도시의 판사였다. 데카르트는 1618년부터 1648년까지 소위말하는 '30년 전쟁'의 시대를 겪은 사람이다. 신흥 민족국가와 중세 세계제국이 싸웠던 대혼란의 시기였다. 이 전쟁에서 신교와 신흥 민족국가가 결정적인 승리를 거두지는 못했지만 자신의 존재감을 확실히 드러내는 계기를 맞이했다. 또한 갈릴레오의 우주관도 시대의 가치관을 크게 뒤흔든 시기였다. 갈릴레오는 1612년 이미 교황청으로부터 지동설을 옹호한다고 비난받았으나 신념을 꺾지는 않았다. 갈릴레오는 종교재판을 받는 등 어려움을 겪었지만 근대 자연과학을 확립하는 데 크게 기여했다.

이런 전환의 시대에 데카르트는 정신의 자유를 주장한다. 데카르트는 인간의 의식이 가지고 있는 근본 특징이 바로 자기의식이라고 한다. 그러므로 모든 의식은 자기의식이다. 스스로 인식됨이 없이 의식이 일어나는 경우는 없다. 이런 자기의식은 동물적인 영혼과 인간적인 정신과의 차이점을 보여준다. 동물은 고통을 당할지라도 통증 자체를 느끼는 것이지 자신이 고통을 당하고 있다는 것을 알지 못한다. 그러나 인간은 고통을 당하면서 자신이 고통을 당한다는 사실을 인지한다. 다시 말하면 동물은 자기의식이 없다. 이러한 자기의식 능력은 논리적 추론과 분석 능력, 종합 능력을 발전시킨다.

데카르트는 '코기토 에르고 숨(cogito ergo sum)', 즉 '나는 생각한다, 그러므로 존재한다'라는 명제를 통해 자기의식이 이성적 사유 주체의 가장 근본이라고 생각했다. 이 명제의 증명은 따로 없다. 다음은 데카르트의 『방법서설』의 한 부분이다.

> 그러나 이후 나는 모든 것이 거짓이라고 생각하기를 바라면서도, 그렇게 생각하는 나는 반드시 어떻게든 존재해야 한다는 것, 그것은 절대적으로 필요하다는 사실을 알게 되었다. **'나는 생각한다. 그러므로 존재한다'**는 이 진리는 너무나도 아주 확고하고 확실해서 회의론자들이 제아무리 터무니없이 제시한 가장 엄청난 가정조차도 그런 진리를 흔들어 놓을 수 없음을 주목하면서, 나는 내가 추구하는 철학의 제1원리로 받아들일 수 있다.(『방법서설』)[1]

칸트는 『순수이성비판』을 쓰기까지 합리론과 경험론, 과학을 두루 섭렵한 철학자였다. 특히 합리론은 칸트가 살던 독일 철학계의 기본 분위기였기 때문에 경험론보다는 합리론에 더 경도된 측면도 있었다. 그러나 젊은 날부터 당시 과학 논쟁에 적극 참여하면서 경험적 내용이 철학에서 중요하다는 사실

---

1 Descartes, *Discours*, *On The Method Of Rightly Conducting The Reason And Seeking For Truth In The Sciences*, trans by, Elizabeth S. Haldane & G.R. T. Ross, Uni. Chicago, Great Books 31, p. 51.

을 일찌감치 깨달았다. 데카르트의 『방법서설』은 생각보다 어렵지 않고 짧은 글이다. 칸트를 읽기 전에 혹은 읽은 후에 한번 도전해볼 만한 고전이다.

『인간오성론』
존 로크, 이재한 옮김, 다락원, 2009

존 로크(John Locke, 1632~1704) 역시 이 세계를 어떻게 하면 정확하게 알 수 있을까를 고민한 철학자이다. 로크의 『인간오성론』은 당시까지 이루어지지 않았던 인식에 대한 전반적인 비판적 저술이다. 로크는 인식론을 인식 심리학의 관점에서 탐구했다.

17세기를 인식론의 시대라고 한다. 그 시작은 로크부터이다. 로크는 오컴(William of Ockham, 1285~1349)의 유명론과 데카르트의 실체론으로부터 많은 영향을 받았다. 그는 철학 분야 이외에 국민경제학, 교육학, 자연 종교, 정치적 자유주의 등의 계몽주의에 큰 영향을 끼쳤다. 특히 로크가 루소와 볼테르에게 미친 영향은 대단히 크다.

로크는 『인간오성론』에서 인식 심리학의 관점으로부터 인간의 앎을 구하고 있다. 모든 지식과 관념은 경험으로부터 생기기 때문에 '경험에 없었던 것은 아무것도 오성에 없다'고 주장함으로써 영국 경험론의 전통을 고수한다.

로크에 따르면 인간의 영혼에 본유관념은 없다. 합리론자들은 특정한 관념들이 인간의 영혼에 본래부터 존재한다고 주장하지만 로크는 이에 반대한다. 로크는 앎의 어떤 원리나 관념도 영혼에 본래부터 있는 것은 아니며 모든 지식은 경험에서부터 생긴다고 말한다.

도덕 실천 원리도 마찬가지이다. 로크에 의하면 행복에 대한 요구는 누구나 가지고 있지만 도덕 규칙이란 인간이 경험과 교육을 통해서 획득한 것이다. 칸트처럼 인간이 본래부터 도덕 규칙을 가지고 태어난다고 보지는 않는다.

그리고 로크에 따르면 마음에는 어떤 본유관념도 없기 때문에 영혼은 원래 백지(tabula rasa)와도 같다. 이 백지에 경험이 관념을 새겨 넣는다. 로크는 경험을 외적 경험(감각)과 내적 경험(반성)으로 구분한다. 외적 경험, 즉 감각에 의해서 외부 대상의 경험을 의식에 새겨 넣는 것이다. 거기에 내적 경험인 반성을 통해 영혼의 상태나 활동, 곧 사고와 의욕 및 느낌 등을 영혼에 새겨 넣어 관념을 만든다. 로크는 인식의 원천으로 감각과 반성을 말하면서 인간의 성장 과정을 놓고 볼 때 감각은 반성에 앞선다고 생각한다.

로크는 감각과 반성에 의해서 생기는 관념을 단순관념이라고 말한다. 단순관념은 생기는 근거에 따라 네 가지로 나누어진다.

⑴ 외적 감각에 의해 이루어지는 단순 관념: 색깔, 소리, 맛, 냄새 등.

⑵ 여러 감각들에 의해서 한꺼번에 매개되는 단순 관념: 형태, 운동, 연장(길이, 넓이, 부피 등).

⑶ 영혼이 내적 경험에 의해 의식하는 단순 관념: 느낌, 사유, 지각 등.

⑷ 감각과 반성에 의해서 생기는 단순 관념: 쾌, 불쾌, 힘, 단위, 시간 계열, 존재 등.

정신이 단순관념들을 결합함으로써 복합관념들이 생긴다. 로크에 의하면 복합관념에는 실체, 양태, 관계가 있다. 로크가 말하는 실체와 양태는 다음과 같다.

실체: 그것을 그것이게끔 하는 것. 인간, 동물 등 자연 대상을 다른 것이 아니고 그것이게끔 하는 것. 실체의 성질은 알 수 있어도 실체 자체는 알 수 없다.

양태: 홀로 독립해서 있을 수 없고 다른 어떤 것에 있는 것

으로서, 단순관념으로부터 도출된 변형들이 양태이다. 크기, 거리, 평면 등 공간의 형태와 연속, 계기 등 시간의 양태, 그리고 기억이나 회상 등 사유의 양태가 있다.

로크는 복합관념의 형성에서 기억이 중요하다고 보았다. 정신은 사물들을 비교하고 구분하며 또 결합하고 추상한다. 복합관념을 형성하는 데 가장 중요한 것은 기억과 추상이다.

이렇게 로크는 인식론의 분야에서 경험을 철저하게 분석함으로써 경험론의 지형을 확고하게 다진 철학자라고 할 수 있으며 칸트의 관념론을 읽기 전에 살짝 방문한다면 좋을 만한 고전일 것이다.

『인간이란 무엇인가』
데이비드 흄, 김성숙 옮김, 동서문화사, 2016

유럽 대륙에서 데카르트가 방법적 회의를 통해 합리론의 기초를 마련했다면, 영국 철학자 흄(David Hume, 1711~1776)은 회의하는 삶을 통해 경험론 철학을 완결 지은 것으로 평가되고는 한다. 흄은 1711년 4월 26일 스코틀랜드의 수도 에든버러에서 법률가 집안의 막내로 태어났다. 그가 태어나기 4년 전(1707)에 스코틀랜드는 연합법의 공포를 통해 잉글랜드와 함께 그레이트브리튼 왕국을 형성했다. 비록 법과 은행, 교육과 종교는 여전히 독립적으로 운영되었지만 의회는 폐쇄되어 대영제국의 일원으로 흡수되어가고 있었다.

우리는 흄을 비판적 경험론자라고 부른다. 종래의 인식론에 대한 철저한 비판 정신으로 비판철학을 처음 시작한 철학자는 칸트보다는 오히려 흄이라고 해야 할 것이다. 흄은 루소

및 백과전서파의 철학자들과 친분을 맺었다. 한때 에든버러대학 법대의 도서관 사서로 일했고 후에는 외무성 차관도 지냈다. 도서관 사서로 일한 시절 그는 여섯 권으로 된 『영국사』를 저술했다.

흄은 관찰과 실험 그리고 검증에 의해서 경험론을 구성하려고 했으므로 그의 경험론은 비판적 경험론이 되었다. 또한 흄은 경험적 앎이 어떻게 심리적으로 드러나는지를 밝힘으로써 현대 실증주의 및 심리주의의 창시자가 되었다.

흄은 앎이 성립하는 과정을 인간의 마음을 분석함으로써 설명해나간다. 그는 『인간이란 무엇인가』에서 로크나 버클리의 경험론 전통에 따라 우리들의 모든 지식은 경험에서 나오고 태어날 때부터 마음에 있는 본유관념은 있을 수 없다고 한다. 또 지식을 지각이라고 부르며, 지각은 인상 또는 관념에서 성립한다고 말한다.

흄에게 인상과 관념은 밀접한 관계를 가지고 있다. 인상은 직접적이고 생생한 느낌을 받아들인 것이고, 관념은 인상이 약화된 것이다. 꽃향기를 맡을 때 우리는 후각에 맴도는 설명할 수 없는 기분 좋음에 취한다. 그런 다음 꽃향기라는 관념을 갖는다. 인상에는 보고 듣는 감각적 느낌의 인상과 사랑과 미움 등 정서나 감정의 생생한 인상이 있다. 앞의 것은 외적 지각이고 뒤의 것은 내적 지각이다.

인상은 우리들의 상상력에 의해 약화됨으로써 관념이 되며 그것은 다시금 인상으로 돌아간다. 흄은 우리가 가지는 표상(좁은 의미의 관념), 회상, 생각 등을 모두 관념이라고 부른다. 관념들은 연상 법칙에 의해서 결합된다. 연상 법칙에는 유사성, 근접성, 인과성이 있다. 흄의 연상 법칙은 또한 합리론자들이 주장하는 본유관념을 배격하고 우리가 가진 모든 지식(관념)은 경험적 관습에서 생긴다는 것을 말하고자 한다.

흄은 로크와 비슷한 생각으로, 인상이 단순한 요소로 분해되면 복합인상이고 분해되지 않으면 단순인상이라고 본다. 또한 단순한 요소로 분해될 수 있는 것은 복합관념이고 그렇지 않은 것은 단순관념이라고 본다.

경험론의 전통에 따라서 흄은 실체, 존재, 인과율과 같은 개념들은 모두 관념에서 생긴 것이므로 어떠한 객관성도 가질 수 없다고 말한다. 왜냐하면 어떤 경험도 그것이 객관적이라는 보증을 제공해주지 않기 때문이다.

흄의 『인간이란 무엇인가』는 인간 지식의 기원을 탐구하는 인식론적 논의에서 시작한다. 그러다 보니 방대한 분량에 다가서기가 살짝 주저되는 고전이다. 하지만 칸트는 흄의 비판적 경험론을 통해 독단적 합리론에서 벗어날 수 있다고 했으니 인간 인식에 대한 비판적 탐구에서 큰 봉우리 중의 하나이다.
필요할 때 한번 책장을 넘겨보는 것도 좋을 것이다.

『사회계약론』
장 자크 루소, 김영욱 옮김, 후마니타스, 2022

루소(Jean Jacques Rousseau, 1712~1778)는 스위스 제네바에서 시계 수리공의 둘째 아들로 태어났다. 그의 어린 시절은 순탄하지 못했다. 어머니는 출산 후 9일 만에 숨졌고, 아버지와 숙모의 손에서 자랐다. 이후 아버지도 그가 10세 때 프랑스 군인과 싸운 일로 그를 떠나게 되었고, 루소는 고모와 외삼촌에게 맡겨졌다. 13세 때 동판공의 도제로 들어갔으나 만족하지 못하고 방랑 생활을 했다. 그런데 그가 쓴 『참회록』에선 어린시절의 자신을 '왕자 공주들도 나처럼 세심하게 보호받지는 못했다'고 회상했다는 것은 아이러니가 아닐 수 없다. 루소는 이상적 자아의 모습을 자신의 작품에 투영했던 것 같다.

루소는 교육성장소설 『에밀』을 20여 년간의 성찰과 3년의 노력으로 집필했다. 칸트가 『에밀』을 읽느라 언제나 같은 시간에 하던 산책 시간을 어겼다는 이야기가 유명하다. 『에밀』은 '자연주의 교육론'이다. 학생 중심의 발견 학습과 인성 교육이 필요하다는 것이 주 내용이다. 『에밀』은 발간된 지 250여 년이 지난 지금도 자율에 입각한 교육을 지향하는 교육자들에게 중요한 지침이 되고 있을 정도이다. 그런데 정작 루소는 세탁부였던 연인이 낳은 아이 다섯을 모두 고아원에 내다버렸다. 이무슨 아이러니인가. 루소는 훌륭한 계몽주의자이지만 이상주의자라고 할 수밖에 없다.

오늘날 민주주의의 대명사인 대의민주주의가 노예들의 제도라고 주장한 사람이 바로 루소이다. 루소는 『사회계약론』에서 대의제를 시행하는 영국의 인민들이 자유로운 것은 의회의 의원을 선거하는 기간뿐이라고 비판한다. 인민들은 선거가 끝나는 순간부터 다시 노예가 되고, 아무 가치도 없는 존재가 된다는 것이다.

루소의 사회관은 로크의 '만인의 만인에 대한 투쟁 상태'와는 다르게 평화롭다. 자연 상태의 인간이야말로 가장 자유롭고 평등하다. 그러나 점차 공동체가 형성되고 노동의 분업화가 이루어지면서, 즉 자연 상태의 인간이 사회 상태로 옮겨가면서 인간의 능력은 크게 계발되고 사상의 폭은 넓어지기도 하지만 다른 한편 서로에 대한 순수했던 마음은 탐욕과 경쟁으로 변하게 된다. '자연적 자유'와 '사회적 자유'는 구분되며 가장 먼저 차지한 권리인 '점유'와 명확한 권리에 기초를 두고 성립되는 '소유권'의 구별도 이루어진다. 이러한 과정을 통해 인간은 진실로 자신의 주인이 되며 자신의 권리와 상대방의 권리를 지키기 위하여 사회계약을 진행한다.

루소는 이러한 계약의 근거를 일반 의지에서 찾는다. 일반 의지와 전체 의지는 종종 혼란을 일으킨다. 선거철만 되면 정치인들은 지역 주민들의 특수한 이익을 내세우며 표심을 얻으려고 한다. 개인들은 재개발이라든가, 지하철 노선 등 개인의 이익을 고려해서 정치인을 지지한다. 그렇게 개인의 이익만을 고려하는 특수 의지들의 합에 불과한 것을 전체 의지라고 한다. 그러나 일반 의지는 공동체 안에서 이기적으로 개인을 위한 것이 아니라 공동체 전체를 위해 좋은 것이다. 일반 의지는 공동선에 초점을 맞추어 생각해야 한다. 우리들 각자는 자기의 신체와 모든 힘을 공동의 것으로 하여 일반 의지의 최고 지도 아래 맡겨야 하는 것이다.

루소는 『사회계약론』을 통해 일반 의지에 근거한 국가와 정부의 구성 원리를 제시한다. 이러한 일반 의지를 가진 시민은 계몽된 시민이다. 칸트가 원하는 인간 역시 계몽된 시민이다. 계몽의 시대를 살았던 칸트는 루소의 영향 아래 자유로운 인간의 비전을 꿈꾸었을 것이다. 『사회계약론』도 좋고 『에밀』도 좋다. 손에 잡으면 뭔가 길이 보일지도 모른다. 우리는 아직도 계몽이 진행되고 있는 시대에 살고 있지 않은가.

『모나드론 외』
고트프리트 빌헬름 라이프니츠, 배선복 옮김
책세상, 2019

라이프니츠(Gottfried Willhelm Leibniz, 1646~1761)의 아버지는 라이프치히대학의 도덕철학 교수였다. 라이프니츠는 이미 여덟 살 때 혼자 힘으로 라틴어를 공부하여 아버지 서재의 책을 읽기 시작했다. 1661년, 열다섯 살의 라이프니츠는 라이프치히대학에 입학했고 1667년 법학 박사학위를 받았다. 그의 천재성을 알아본 대학에서는 그에게 교수직을 제안했지만 세상을 공부하고 싶었던 라이프니츠는 안정적인 생활이 보장된 교수직을 거절한다.

라이프니츠는 뉴턴과 거의 동시에 미적분학을 창안했다. 누가 누구 것을 모방했느냐 설왕설래가 있었지만 두 천재가 동시에 창안했다고 보는 것이 정설이다. 라이프니츠는 파리 체류 시절 많은 철학적 업적을 이루었다. 그는 오랜 기간 외교관으로 일했으며 베를린, 빈 등의 학술원 설립에 기여했다. 여러 귀족 가문의 후원을 얻어 연구에 집중하기도 했지만 그의 집요한 학구열 덕에 결과가 쉽게 나오지 않았다. 그런 부작용으로 말년에는 귀족들의 관심과 후원이 끊기며 쓸쓸한 장례식으로 인생의 마지막을 맞았다.

라이프니츠는 17세기 합리주의의 절정이라고 불린다. 특히 그의 『모나드론』은 이를 잘 보여준다. 라이프니츠의 모나드 이론과 예정조화설은 그의 사상 중 대표격이라 할 수 있다. 모나드는 일종의 원자 개념이다. 세상의 모든 것들을 구성하는 원초적인 요소가 모나드(monad)이다. 그러나 모나드는 물질이 아니며 관념적인 것이다. 라이프니츠에 따르면 만약 모나드가 물질이라면 아무리 작은 단위까지 쪼개도 그보다 더 작은 단위가 있을 수 있기에 가장 근원적인 요소까지 다다를 수 없다. 그렇기 때문에 라이프니츠에 따르면 세상 만물을 이루는 근본 물질인 모나드는 물질이어서는 안 된다. 모나드는 더 이상 분할될 수 없으며 활동하는 실체이다. 따라서 라이프니츠에게 물질은 부정된다. 왜냐하면 물질을 분할하면 결국 분할 불가능한 요소가 남는데 이것은 정신적인 것이기 때문이다. 정신적인 모나드를 일컬어 그는 '형이상학적 점'이라고 말한다.

라이프니츠는 우리들의 앎을 경험적 인식과 이성적 인식

으로 구분한다. 이성 인식은 논리 법칙, 곧 모순율을 바탕 삼아 성립하는 영원한 진리이며 수학적 내지 형이상학적 앎이 대표적인 영원한 진리이다. 경험 사실은 논리적 필연성을 갖지 않기 때문에 영원한 진리가 될 수 없다.

라이프니츠는 세계를 모나드의 체계로 본다. 모나드는 원자와 비슷한 것으로 생각될 수 있지만 물질적이거나 공간적인 점이 아니고 정신적인 점 또는 에너지로서 각각의 모나드는 직접적으로 전혀 상관이 없다. 모나드는 제각각 완전한 존재이다. 완전하기에 서로 영향을 받지 않는다. 그렇다면 세상의 변화가 일어나는 이유는 무엇일까? 라이프니츠는 '예정조화설'을 설정한다. 마치 시계 부품이 각자 자기 자리에서 톱니바퀴에 맞물려 돌아가듯이 신은 모나드들이 정확하게 움직이도록 예정해놓았다. 예를 들어 오늘 나에게 자동차 사고가 났다고 해보자. 그것은 내가 부주의해서 그렇다기보다는, 예정조화설에 따르면 나는 그 시간에 그곳에 가게 되어 있었고 그 차와 사고가 나게 되어 있었던 것이다. 상식적으로 본다면 이해가 가지 않지만 라이프니츠의 모나드 이론과 예정조화설에 따르면 이해가 가는 일이다.

자연 현상은 제멋대로 진행되는 것처럼 보이지만 현상의 물체들은 모나드의 복합체이므로 결국 법칙에 맞게 구성되어 있다. 자연 현상은 합법칙성에 따라 움직이므로 그것은 결국 합목적적으로 진행된다. 그렇다면 모든 자연 현상들의 목적은 모나드들이고 또 모나드들의 목적은 신이다. 결국 자연의 모든 사물들은 신을 목적으로 삼기 때문에 자연 현상은 합목적성을 소유한다.

라이프니츠의 모나드 이론은 완벽한 형이상학적 체계이다. 형이상학의 정점의 시절에 세워진 완벽한 형이상학의 세계를 모나드에서 만나보는 것도 흥미로운 일이다.

『정신현상학』
게오르크 빌헬름 프리드리히 헤겔
김준수 옮김, 아카넷, 2022

"미네르바의 부엉이는 황혼녘에야 날아오른다." 헤겔이 『법철학강요』(1820)에서 남긴 유명한 문구이다. 사람들은 헤겔이 저 문구를 통해서 철학을 간단하게 정의했다고 여긴 듯한데, 철학은 앞날을 예측하는 학문이 아니라 여러 사회 현상들이 일어난 후에야 비로소 의미를 파악하는 것이라고 보는 것이 더 정확하지 않을까 싶다.

헤겔(Georg Willhelm Friedrich Hegel, 1770~1831)은 뷔르템베르크 공국(지금의 독일 남서부 지역)의 수도 슈투트가르트에서 태어났다. 그가 태어난 해에 질풍노도운동이 일어났고, 학생 시절에는 미국 독립선언, 프랑스 대혁명이 일어났으며, 장년기에는 나폴레옹 전쟁이 유럽을 휩쓸었다. 그렇다고 헤겔이 전쟁터의 한가운데에 있었던 것은 아니다. 헤겔의 삶은 평범했다. 고위 공무원 가정에서 태어나 고생 없이 유년 시절을 보냈다. 1793년 헤겔은 신학교를 졸업했지만 목사가 되지는 않았다. 신학보다 철학에 더 관심을 두었기 때문이다. 칸트가 9년 동안 가정교사 생활을 했던 것처럼 헤겔도 7년을 프랑크푸르트와 스위스에서 가정교사 생활을 했다. 그러다 1793년 셸링의 초청으로 예나 대학의 사강사로 초빙되었다.

당시 예나대학은 셸링, 피히테, 실러 등 유명 철학자들이 모여 있는 철학의 중심지였으며 그곳에서 『정신현상학』을 집 필했다. 『정신현상학』이 완성될 무렵 나폴레옹 군대가 예나를 침공하고 있었다. 거기에서 말을 탄 나폴레옹이 예나에 입성하 는 것을 직접 본 헤겔은 감격에 겨워 "말을 탄 절대정신을 보 았다"고 했다. 헤겔에게 봉건사회를 타파하고 자유를 모든 시 민에게로 확대하겠다는 혁명가 나폴레옹은 절대정신 그 자체 일 수밖에 없었다.

『정신현상학』은 인간의 인식 능력인 정신이 감성, 지성, 이 성으로 발전하여 절대적인 앎(절대지)에 이르는 과정을 보여준 다. 『정신현상학』은 머리말, 주관정신, 객관정신, 절대정신의 네 부분으로 구성되어 있다. 『정신현상학』의 체계는 변증법적 전개이다. 『정신현상학』 이후 저술들의 체계 역시 변증법적으 로 전개되고 있다. 변증법이란 존재의 법칙 내지 존재의 논리이다. 고정되어 있는 형식 논리학과는 달리 변증법은 움직이는 세계 자체의 논리다. 예컨대 형식 논리학은 A＝A라고 고정 불변하는 사고 법칙을 대변하지만 변증법은 A＝A이면서 A≠A라고 주장한다. 헤겔은 『정신현상학』에서 식물이 싹을 틔우고 꽃을 피우는 과정을 예로 들어 변증법을 설명한다. 구체적으로 설명하면 다음과 같다. 씨앗은 자신을 부정해 싹이 되고 싹은 다시 스스로를 부정해 잎과 줄기 그리고 꽃이 되며 꽃은 또 자기를 부정함으로써 씨앗이 된다. 자신을 부정함으로써 자신의 긍정적인 면을 살리는 것을 지양이라고 하는데 지양은 바로 변증법의 핵심적 성격이다.

헤겔은 『정신현상학』을 통해 정신의 자기 전개를 보여준다. 정신은 결국 절대지에 다다르는데 이때 정신이 깨닫는 것은 공간과 시간 속에서, 자연과 역사 속에서 각자 다르게 펼쳐진 운동이 자기의 전개이자 자기의 완성 과정이며 실현 과정이라는 것이다. 결국 헤겔은 칸트가 분리된 것으로 전제한 주관과 객관, 지성과 감성 등 사유와 존재를 일치된 것으로 해소했다. 초심자가 읽기에는 조금 버거운 철학 책이기는 하지만 헤겔의 다른 책에 비하면 비교적 가벼운 마음으로 접근할 수 있으니 거대한 관념론의 세계에 빠져보고 싶다면 한번 맛보는 것도 좋을 듯싶다.

생애 연보

1724년 4월 22일 프로이센의 상업 도시 쾨니히스베르크(현재의
 러시아 칼리닌그라드)의 마구(馬具) 기술자인 아버지 요한
 게오르크 칸트(1682~1746)와 어머니 안나 레기나 칸트
 (1697~1737)의 아홉 아이들 가운데 넷째로 태어나다. 그
 는 에마누엘(Emanuel)이라는 세례명을 받다. 그러나 이
 후 히브리어를 공부하고 나서 '임마누엘(Immanuel, 하느
 님이 우리와 함께 계시다)'로 이름을 바꾸다.

1730년 1732년까지 교외 거주자 병원학교에 다니다.

1732년 프리드릭스 김나지움에 입학해서 어른이 될 때까지 다니
 다. 가난했지만 영민한 칸트를 신학교 교수인 프란츠 알
 베르트 슐츠(Franz Albert Schulz)가 지원하다.

1737년 칸트가 열세 살 되던 해 어머니가 일찍이 사망하다.

1740년 학급에서 2등으로 프리드릭스 김나지움을 졸업하다.
 대학입학시험을 치르고 쾨니히스베르크대학에 입학
 하다. 철학과 수학을 공부하면서 마르틴 크누첸(Martin
 Knutzen) 교수에게 지도를 받다. 이후 자연과학에 관심을
 갖고 아이작 뉴턴(Isaac Newton)의 물리학을 엄밀한 학의
 모범으로 삼다.

1746년 「활력의 올바른 측정에 관한 사상들」이라는 졸업논문을 발표하다. 처음 발표하는 논문이었음에도 불구하고 매우 높은 평가를 받다. 같은 해, 부친 사망하다. 생계가 막막했던 칸트는 학자금과 생계 유지를 위해 1753년경까지 지방 귀족 가문의 가정교사 생활을 하다.

1755년 「불에 관한 성찰의 간략한 서술(Meditationum quarundam de igne succincta delineatio)」이라는 논문으로 박사학위를 받다. 같은 해 「형이상학적 인식의 제1 원리들에 관한 새로운 해명(Principiorum primorum cognitionis metaphysicae nova dilucidatio)」이라는 논문으로 교수 자격을 취득하다. 이때부터 1796년까지 약 40여 년간 쾨니히스베르크대학에서 강의를 하다. 1770년까지는 사강사로 강의를 했는데 대학으로부터 정규 급여를 받지 않고 학생들의 강의료만 받는 생활이어서 어려운 생활을 하다.

1756년 크누첸의 사망으로 공석이 된 논리학과 형이상학 원외교수직에 응모했으나 실패하다.

1758년 다시 한번 철학과 교수직에 응시했으나 실패하다.

1766년 학생들의 수강료에만 의존했던 칸트는 왕립 궁정도서관의 부사서로 일하게 되어 처음 일정한 급여를 받게 되다.

1770년 46세에 논리학과 형이상학의 정교수로서 초빙되다. 논리학과 형이상학뿐만 아니라 수학적 물리학, 인간학, 교육학, 자연신학, 도덕, 자연법 등을 강의하다. 특히 쾨니히스베르크를 한 번도 떠나본 적 없는 그의 지리학 강의가 학생들 사이에서 인기를 끌다.

1770년 8월 21일 「감성 세계와 지성 세계의 형식과 그 원리들에 관하여(De mundi sensibilis atque intelligibilis forma et principiis)」를 통해 교수 취임 논문에 대한 공개 변론을 하다.

1781년 57세에 자신의 주저인 『순수이성비판』을 세상에 내놓다. 처음에는 독자들의 냉정한 혹평을 받다.

1783년 칸트는 『순수이성비판』에 대하여 세상 사람들이 오해하거나 이해하지 못한다고 생각하여 『순수이성비판』의 이해를 위한 입문서인 『프롤레고메나(Prolegomena zu einer jeden künftigen Metaphysik, die als Wissenschaft wird auftreten können)』를 출판하다. 점점 『순수이성비판』은 유명해지고 추종자가 많이 생기게 되다.

1784년 『세계 시민적 관점에서 본 보편사의 이념(Idee zur allgemeinen Geschichte in weltbürgerlicher Absicht)』과 『계몽이란 무엇인가라는 질문에 대한 답변(Beantwortung der Frage: Was ist Aufklärung?)』을 저술하다. 이 두 작품은 대표적으로 칸트의 역사의식을 담은 저서이다.

1786년 『자연과학의 형이상학적 기초(Metaphysische Anfangsgründe der Naturwissenschaft)』를 출판하다.

1787년 『순수이성비판』을 많은 부분 수정한 재판을 출판하다.

1788년 『실천이성비판』을 출판하다. 『순수이성비판』에서 해결하지 못한 도덕법칙의 세계를 설명하다.

1790년 『판단력비판』을 출판하다. 『순수이성비판』의 자연세계, 『실천이성비판』의 자유의 세계를 이어줄 판단력을 설명하고 칸트 고유의 미학을 펼치다.

1793년 『순수한 이성의 한계 내에서의 종교(*Die Religion innerhalb der Grenzen der bloßen Vernunft*)』를 출판하면서 어려움에 빠지다. 계몽된 법치주의를 지향하던 프리드리히 2세와는 달리 그의 후계자였던 프리드리히 빌헬름 2세가 1788년 '종교칙령'을 통해 관용적이던 프로이센의 종교정책을 끝냈기 때문이다. 1792년 베를린의 검열 당국은 칸트의 종교철학 논문을 허용하지 않았지만 『순수한 이성의 한계 안에서의 종교』라는 제목으로 출판을 허용하다. 이후 칸트가 또 종교철학 논문을 출판하자 칸트는 왕의 협박을 담은 칙령을 받고 왕이 살아 있는 한 더 이상 종교철학 저술을 발표하지 않겠다는 약속을 하다.

1795년 이미 70세가 넘은 나이임에도 불구하고 『영구평화론(*Zum ewigen Frieden*)』, 『윤리형이상학(*Metaphysik der Sitten*)』을 발표하다.

1796년 여름학기를 마지막으로 대학에서의 강의는 마치다.

1798년 프리드리히 빌헬름 2세가 사망하자 『학부 간의 논쟁(*Streit der Fakultäten*)』에서 그때까지의 침묵을 깨고 다시 종교철학적 입장을 밝히다.

1804년 2월 12일 새벽 4시. 그의 나이 80세. 평생 독신으로 살았고 커피와 담배를 즐기고 사교 모임을 좋아했던 칸트는 한때 자신의 수강생이었다가 노년의 생활을 돌보아주었던 바지안스키에게 물에 탄 포도주 한 잔을 청해 마시고는 "좋다(Es ist Gut)"라는 한마디를 남기고 세상을 떠나다. 평생을 살아온 쾨니히스베르크의 대학 묘지에 묻히다.

참고문헌

『순수이성비판』(전2권), 임마누엘 칸트, 백종현 옮김, 아카넷, 2006.

『실천이성비판』, 임마누엘 칸트, 백종현 옮김, 아카넷, 2002.

『판단력비판』, 임마누엘 칸트, 백종현 옮김, 아카넷, 2009.

『감성계와 지성계의 형식과 원리들』, 임마누엘 칸트, 최소인 옮김, 이제이
북스, 2007.

『칸트의 역사철학』, 임마누엘 칸트, 이한구 편역, 서광사, 2009.

『프롤레고메나』, 임마누엘 칸트, 염승준 옮김, 책세상, 2013.

『칸트의 역사 철학』, 이한구 편역, 서광사, 2009.

I. Kant, *Briefe*(『편지들』), Deutsche Akademie der Wissenschaften zu
Berlin, 1900ff.

_____, *De mundi sensibilis atque intelligibilis forma et principiis*, Weischedel
Band 5, 1983.

_____, *Kritik der praktischen Vernunft*, Weischedel Band 6, 1983.

_____, *Kritik der reinen Vernunft1*, Weischedel Band 3, 1983.

_____, *Kritik der reinen Vernunft2*, Weischedel Band 4, 1983.

_____, *Kritik der Urteilskraft*, Weischedel Band 8, 1983.

_____, *Prolegomena zu einer jeden künftigen Metaphysik*, Weischedel Band 5, 1983.

Descartes, *Discours On The Method Of Rightly Conducting The Reason And Seeking For Truth In The Sciences*, trans by. Elizabeth S. Haldane & G. R. T. Ross, Uni. Chicago, Great Books 31.

F. 카울바하, 『칸트 비판철학의 형성과정과 체계』, 백종현 옮김, 서광사, 1992.

F. C. 코플스톤, 『칸트』, 임재진 옮김, 중원문화사, 2017.

게오르그 빌헬름 프리드리히 헤겔, 『정신현상학』, 김준수 옮김, 아카넷, 2022.

고트프리트 빌헬름 라이프니츠, 『모나드론 외』, 배선복 옮김, 책세상, 2019.

김상봉, 『자기의식과 존재사유: 칸트 철학과 근대적 주체성의 존재론』, 한길사, 1998.

김상현, 『이성의 운명에 대한 고백, 순수이성비판』, 아이세움, 2009.

김재호, 『칸트 〈순수이성비판〉』, 서울대학교 철학사상연구소, 2004.

데이비드 흄, 『인간이란 무엇인가』, 김성숙 옮김, 동서문화사, 2016.

르네 데카르트, 『데카르트 연구: 방법서설·성찰』, 최명관 옮김, 창, 2010.

장 자크 루소, 『사회계약론』, 김영욱 옮김, 후마니타스, 2022.

존 로크, 『인간오성론』, 이재한 옮김, 다락원, 2009.

크로너, 『칸트』, 연효숙 옮김, 서광사, 1994.

토마스 새뮤얼 쿤, 『코페르니쿠스 혁명』, 정동욱 옮김, 지만지, 2016.

플라톤, 『국가』, 박종현 옮김, 서광사, 2005.

한자경, 『칸트와 초월철학, 인간이란 무엇인가』, 서광사, 1992.

한자경, 『칸트 철학에의 초대』, 서광사, 2006.

한국철학사상연구회, 『다시 쓰는 서양근대철학사』, 오월의 봄, 2012.

한국칸트학회, 『칸트와 그의 시대』, 철학과 현실사, 1999.

EBS 오늘 읽는 클래식
칸트의 순수이성비판

1판 1쇄 발행 2023년 4월 30일
1판 2쇄 발행 2024년 6월 25일

지은이 강지은

펴낸이 김유열
디지털학교교육본부장 유규오 | 출판국장 이상호 | 교재기획부장 박혜숙
교재기획부 장효순
북매니저 윤정아, 이민애, 정지현, 경영선

책임편집 장윤호 | 디자인 정계수 | 일러스트 최광렬 | 인쇄 애드그린인쇄

펴낸곳 한국교육방송공사(EBS)
출판신고 2001년 1월 8일 제2017-000193호
주소 경기도 고양시 일산동구 한류월드로 281
대표전화 1588-1580 | 홈페이지 www.ebs.co.kr
이메일 ebsbooks@ebs.co.kr

ISBN 978-89-547-7701-8 04100
     978-89-547-6188-8 (세트)